D1753386

Neue Wege der Korrespondenz

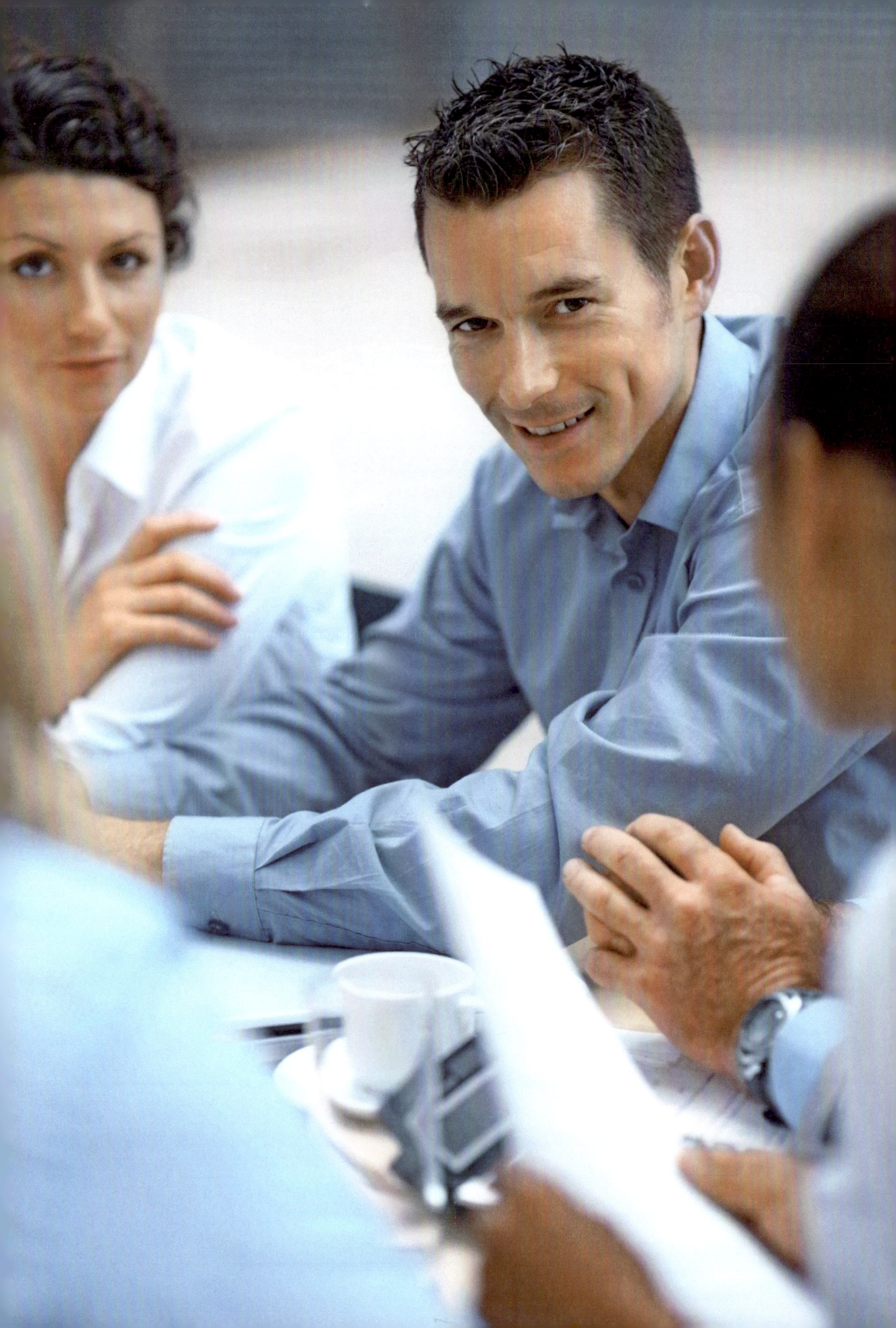

Angelika Ramer

Neue Wege der Korrespondenz

Briefe
E-Mails
Bewerbungen

VERLAG:SKV

1. Auflage 2010   ISBN 978-3-286-51471-3

© Verlag SKV, Zürich
www.verlagskv.ch

Alle Rechte vorbehalten.
Ohne Genehmigung des Verlages ist es nicht gestattet,
das Buch oder Teile daraus in irgendeiner Form zu publizieren.

Lektorat: Yvonne Vafi-Obrist
Gestaltung und Umschlag: Brandl & Schärer AG

EDITORIAL

Korrespondenz mit Charme und Aussage

Mit «Schreiben ohne Floskeln – 180 Briefe für die Praxis» sah ich die Phase der Standards als beendet an. Muster fördern keine Kreativität! Und doch gehören Kreativität und Vorlagen zusammen. Vorlagen können etwas Gutes anstossen, bauen Brücken, ermöglichen neue Sichtweisen, fördern Debatten über richtiges und falsches Schreiben. Muster gehören nicht in die Archivschachtel, sondern mitten ins Herz einer lebendigen und sich ständig entwickelnden Organisation. Für Unternehmen erstelle ich Vorlagen für den täglichen Gebrauch. Ich spreche mit meinen Kunden, lege mit ihnen Standards fest und texte Handbücher. Ich freue mich, wenn die Ideen Anklang finden. Und ich ärgere mich, wenn Altes oder Nutzloses obsiegt. Das Thema ist wichtig, vieles ist schon in Bewegung gekommen. Dennoch begleiten einige Irrtümer noch heute die schriftliche Kommunikation.

Die häufigsten Fehlüberlegungen sind:
→ Es braucht eine landesweit übliche Korrespondenzsprache.
  Negativer Effekt: Unterscheidbarkeit ist nicht möglich, alle schreiben gleich, Identitäten bleiben unsichtbar.
→ Die Kunden – vor allem ältere – erwarten eine Standardsprache, möchten Floskeln lesen.
  Negativer Effekt: Die Sprache ist gleichförmig, unflexibel, kundenfremd.
→ Alltagskorrespondenz ist gar nicht so wichtig.
  Negativer Effekt: Chancen für einen guten Kundendialog werden verpasst, Briefe und E-Mails sind inhaltlich und sprachlich ungenau und unsorgfältig.

EDITORIAL

Korrespondenz mit Charme und Aussage

Unternehmen stehen vor neuen Herausforderungen. Kunden sind anspruchsvoll und wählerisch. Es muss uns jeden Tag gelingen, der schriftlichen Kommunikation einen Puls zu geben. Es funktioniert, wenn wir Korrespondenz wie eine Geschichtenerzählerin begreifen.
Eine gute Geschichte sorgt für einen schwungvollen Einstieg. Der Mittelteil treibt Inhalte und die damit verbundenen Personen voran. Das Ende ist ein Fazit, das alles zusammenfügt und abschliesst. Ungünstig und ungenügend ist dieser Schluss: «Wir bitten Sie um Verständnis.» Noch schlimmer ist: «Wir bitten Sie um Kenntnisnahme.»

Dieses Buch stellt Ihnen Möglichkeiten vor, Inhalte noch besser zu erzählen. Es ermutigt, auf Einleitungen zu verzichten, wenn die Nachricht wichtiger ist als der Dialog oder Empathie schwierig ist, weil sie nicht gut ankommen könnte oder falsch verstanden wird. Die Ideen verleihen Ihren Texten mehr Charme, Aussage, Kraft. Es ist immer noch in Ordnung, wenn «Schreiben ohne Floskeln – 180 Briefe für die Praxis» auf Ihrem Schreibtisch steht. Ergänzen Sie es mit diesem Buch. Was zum Beispiel lesen Sie darin? Was ist neu? Ein kleiner Vorgeschmack.
→ Neue Mustertexte mit drei verschiedenen Strategien: Brief, Briefing und Mikro-Wording
→ Briefe für Menschen, die einen Job suchen: Bewerbungen mit mehr Aussage
→ Antworten auf häufig gestellte Fragen rund um die Kundenkommunikation: Ideen für den Alltag
→ Unangenehme Nachrichten kommunizieren
→ Hilfen für amtliche Schriftstücke: Es geht auch ohne Bürokratie!
→ Programm für die Erstellung eines internen Sprachleitbildes

EDITORIAL

Korrespondenz mit Charme und Aussage

Menschen mögen Unterhaltung, leicht aufbereitete Nachrichten, persönliche Ansprache und klare Information. Kunden erwarten Relevanz und achten auf Glaubwürdigkeit. Nehmen Sie sich Zeit für zwei wichtige Themen. Die Haltung: Wer sind wir und welchen Auftrag erfüllen wir? Wie gehen wir als Unternehmen und als Personen mit Informationen und mit Menschen um? Das Handwerk: Wie schreiben wir, welche Worte setzen wir ein, wie bauen wir unsere Nachrichten auf? Ein paar Argumente zeigen, dass sich der Aufwand lohnt.

Briefe und E-Mails bewegen sich oft auf der Grenzlinie zwischen Professionalität und Menschlichkeit. Gute Korrespondenz verbindet beides auf stimmige Weise. Die Sprache ist das Kernstück unserer Arbeit. Mit ihr sprechen wir Menschen an, verscheuchen sie oder gewinnen sie für einen gemeinsamen Weg. Sorgfalt lohnt sich also. Wenn wir schreiben, dann tun wir das für ein bestimmtes Publikum. Was ist das Schönste bei dieser Vorstellung? Der Applaus!

Gute Briefe und E-Mails sind nicht nur kurz und bündig – sie sind anders.

Unternehmen investieren viel Zeit und Geld in ihren Markenauftritt, in Produkte, in Logos, Schriften, Marketing und Werbung. Korrespondenz verdient die gleiche Aufmerksamkeit, auch sie gehört zum Branding. Briefe und E-Mails sind jeden Tag präsent, senden Botschaften, wirken und bringen Menschen in Kontakt. Diese und andere Gedanken machen das Thema attraktiv und topaktuell.

Mai 2010 Angelika Ramer

Inhaltsübersicht

EDITORIAL	Korrespondenz mit Charme und Aussage	5
KAPITEL 1	**Neue Strategien für gute Korrespondenz**	15
	Definition von Brief, Briefing, Mikro-Wording	17
	Welches Wording für welche Situation?	19
	Eine Chance für die Praxis	19
	So finden Sie Ihre Brief- und E-Mail-Beispiele	21
KAPITEL 2	**Ab die Post! Die Top-Themen**	23
	Kundenanfragen beantworten	24
	Eine Bestellung wird per E-Mail bestätigt.	24
	Die Bestellung wird aufgenommen, das Lieferdatum ist noch nicht bekannt.	25
	Ein Unternehmen bestätigt die Ankunft von Dokumenten.	26
	Ein E-Mail wird beantwortet und das weitere Vorgehen bekanntgegeben.	27
	Ein Termin mit Details wird bestätigt.	28
	Ein Gesprächspartner wird über ein weiteres Vorgehen informiert.	29
	Eine Reservation wird bestätigt.	30
	Eine Kundin möchte etwas erledigt haben. Sie bekommt eine automatische E-Mail-Antwort mit einer Wegleitung.	31
	Ein Unternehmen bedankt sich für einen unterzeichneten Vertrag bei Geschäftspartnern/Beratern.	32
	Eine Anfrage kann nicht positiv beantwortet werden.	34
	Eine Ware kann nicht geliefert werden.	35
	Jemand wünscht eine Dokumentation zu einer Veranstaltung.	36
	Top-Tipp	37
	Dokumente intern und extern weiterleiten	38
	Ein Bericht wird intern per Mail verschickt.	38
	Eine Assistentin leitet im Auftrag der Geschäftsleitung wichtige Dokumente weiter.	41

Inhaltsübersicht

Ein Mitarbeiter leitet ein externes Mail an einen internen Kollegen weiter.	42
Ein E-Mail mit Attachement wird intern oder extern weitergeleitet. Die Absenderin ist nicht mit allen Personen per Du.	43
Ein E-Mail ist am falschen Ort angekommen und wird intern ohne Auftrag an eine Personengruppe weitergeleitet.	44
Ein Mitarbeiter leitet ein E-Mail intern an eine höhere Stelle weiter und erkundigt sich über das weitere Vorgehen.	45
Top-Tipp	46
Interne und externe Termine anfragen, ankündigen, bestätigen, absagen	47
Ein Unternehmen fragt einen externen Spezialisten für ein Referat an.	47
Ein Mitarbeiter fragt Kollegen für einen Besprechungstermin an.	48
Eine Kollegin erinnert Mitarbeitende an eine Sitzung, die regelmässig stattfindet.	50
Ein Abteilungsleiter bittet zwei Mitarbeiter um ein Gespräch. Er möchte schriftlich nicht zu viel preisgeben.	51
Eine Ausbildungsabteilung kündigt einen Weiterbildungstermin an.	53
Ein Sekretariat informiert Verwaltungsratsmitglieder über einen VR-Termin.	54
Ein Sekretariat lädt Verwaltungsratsmitglieder zu einer aussergewöhnlichen Sitzung ein.	55
Ein Mitarbeiter bestätigt nach einer Terminumfrage eine Sitzung an drei Personen.	56
Ein Sekretariat sagt ein Seminar ab und informiert die Teilnehmenden.	57
Eine Mitarbeiterin sagt zum zweiten Mal einen Termin mit einem externen Berater ab. Die Situation ist ihr unangenehm.	59
Top-Tipp	60
Offerten und Texte für Unternehmen, die nach einer Dienstleistung fragen	61
Eine neue Kundin verlangt in einem Telefongespräch eine schriftliche Offerte mit genauen Angaben. Das Unternehmen sendet das Angebot per E-Mail.	61

Ein Unternehmen informiert verschiedene Personen
per E-Mail und Brief über eine Dienstleistung. 62

Ein Assistent der Geschäftsleitung offeriert einem
Interessenten eine neue Dienstleistung. 63

Eine Assistentin antwortet auf ein Kundenmail und schreibt
einen kurzen Begleittext. 64

Ein Unternehmen möchte einen Workshop durchführen
und formuliert eine allgemeine Anfrage (Angebot, Dauer,
Trainer, Preis, Ort). 65

Das Unternehmen antwortet auf die E-Mail-Anfrage. 66

Ein Mitarbeiter beantwortet für seine Vorgesetzte ein Mail und
offeriert eine Leistung. 67

Top-Tipp 68

Rechnungen an Kunden 69

In der Rechnung werden Dialog und Zahlen verbunden. 69

Ein Unternehmen schickt die Rechnung und schreibt
ein paar Zeilen im Begleitbrief/Mail. 70

Top-Tipp 71

Mahntexte 72

Eine Zahlungserinnerung mit persönlicher Anrede. 72

Das Unternehmen sendet die zweite Mahnung. 73

Dritte Mahnung mit Betreibungsandrohung
und persönlicher Ansprache. 74

Ein Unternehmen nutzt die Zahlungserinnerung für Imagearbeit. 75

Ein Unternehmen kündigt auf eine etwas andere Art und Weise
die Betreibung an. In der Anrede wird ein Paar angesprochen. 76

Top-Tipp 77

Einladungen intern und extern 78

Eine Ausbildungsabteilung lädt Mitarbeitende zu einem
Workshop ein. 78

Eine Weiterbildung wird intern per Mail bestätigt. 79

Eine interne Ausbildung informiert über Details eines Workshops
(Brief oder Mail). Die Anrede ist persönlich. 80

Inhaltsübersicht

Ein Unternehmen lädt ausgewählte Gäste zu einer Jubiläumsfeier ein.	81
Eine Unternehmerin lädt drei interne Personen und eine externe Beraterin zu einem Essen ein. Der Grund ist ein erfolgreich abgeschlossenes Projekt.	82
Top-Tipp	83

Wenn Sie nicht da sind … Abwesenheitsnotizen im E-Mail	84

Schreiben für ein internes Publikum	85
Das Protokoll – die verzögerte Live-Sendung	85
Top-Tipp	90

Berichte – viel Nährwert kurz und knapp	92
Erst die Struktur, dann der Text	92
Berichte richtig aufbauen	93
Daran halte ich mich!	94
Top-Tipp	95

KAPITEL 3

Die Bewerbung – das Projekt in eigener Sache	97
Sich selber begegnen: Die Vorbereitung	100
Die Automatenstimme im Begleitbriefing	102
Sich selber überwinden: Ein Wagnis lohnt sich	107
Der Aufbau – klassisch oder kreativ?	109
E-Mail oder Postweg?	111
Sätze und Wendungen: Ideen sammeln	112
Textbausteine	113
Bewerbungsbriefing: Das ganze Bild	115
Fragen und Antworten	128

Bewerbungsmanagement für Unternehmen:
Professionell und menschlich 130

Die Automatenstimme bei Absagen 131

Absagebriefe: Achtsam Nein sagen 134
Absagen ohne Begründung 134
Absagen mit Begründung 137
Absagen nach einem Gespräch 140

Einladungsbriefe: Ein erstes Ja 142
Top-Tipp 145

KAPITEL 4   **Die heissen Eisen**   147

Amtlich korrespondieren ohne Bürokratie 148
Was macht amtliche Texte bürokratisch und schwerfällig? 148
Was macht amtliche Texte leicht und kundenorientiert? 148

Die Automatenstimme bei heissen Eisen 150

Appelle mit Gelassenheit 154
Mitarbeitende rauchen im Büro. 154
Autos parken ohne Parkkarte. 154
Lärmbelästigung im Haus. 155
Fazit 155

Beschwerdemanagement: Das Problem erkennen,
über die Lösung schreiben 156
Daran halte ich mich! 156
Fazit 158

Inhaltsübersicht

Der Trauerbrief: Die wichtige Nähe, die nötige Distanz	159
Die Stolpersteine	159
Die Möglichkeiten	159
Das Schwierige richtig ausdrücken – ein paar Formulierungshilfen	160
Top-Tipp	161

KAPITEL 5 **Der Weg zum internen Sprachleitbild** 163

Die «Vier-Stufen-Methode»	164
«Was macht uns aus?» – Die erste Stufe	164
«Wo möchten wir hin?» – Die zweite Stufe	165
«Daran halten wir uns!» – Die dritte Stufe	165
«Das Haus ist neu eingerichtet!» – Die vierte Stufe	166

1

KAPITEL 1

Neue Strategien für gute Korrespondenz

Menschen und ihre Informationsbedürfnisse sind verschieden. Ebenso unterschiedlich sind Unternehmensidentitäten, die sich etwa in Logos, Schriften und Layouts zeigen. Im Markenauftritt gelten Individualität und Sichtbarkeit. Die Korrespondenz allerdings orientiert sich gerne und schnell an kollektiven Mustern. Menschen in Seminaren fragen nach richtig oder falsch, wenn es um Formulierungen, Anrede- oder Grussformen geht. Sie möchten wissen, was altmodisch und was modern ist. Ich lade dazu ein, das allgemein Anerkannte beiseitezulegen und sich der Frage zuzuwenden, welche Sprache zum Unternehmen und seinem Informationsauftrag passt. Sowohl das Altbekannte als auch das Topmoderne sind verloren, wenn es komisch oder aufgesetzt wirkt – einfach nicht stimmt.

Eine Sprache, die das Unternehmensimage ansprechend fördert, ist richtig. Eine Verwaltung, die Komplexes und Wichtiges solide, aber ohne bürokratischen Ballast vermittelt, gewinnt. Ein junges Unternehmen mit einem neuen Produkt, das seinen Sprachstil findet und täglich lebt, wird gesehen. Und weil sich die Korrespondenz an Identität und Auftrag orientieren sollte, begegnet Ihnen in diesem Buch auch die Anrede «Sehr geehrte ...». Sie ist genauso berechtigt wie «Grüezi» oder «Guten Tag». Es gibt also kein Korrekt oder Verkehrt. Es gibt unachtsames, unsorgfältiges Schreiben, und es gibt professionelles, bewusstes Korrespondieren.

Ich stelle Ihnen nun drei verschiedene Begriffe und damit Möglichkeiten vor, wie Sie mit Ihren Kunden und Gesprächspartnern in Kontakt sein können: «Brief», «Briefing» und «Mikro-Wording». Sie sind Ausgangspunkt für eine neue Strategie in der Korrespondenz. Wenn wir schreiben, möchten wir inhaltlich und als Mensch oder Unternehmen richtig verstanden werden. In der Korrespondenz geht es um Nähe und Verbindlichkeit, und wir sollten alles dafür tun. Es gibt verschiedene Möglichkeiten und Chancen für authentischen Dialog und professionelle Nachricht.

Gehen Sie mit der Korrespondenz auf den «Marktplatz» in Ihrem Unternehmen, Ihrer Organisation und sprechen Sie über das, was Sie ausmacht, über das, was Sie möglicherweise bisher zu wenig berücksichtigt haben. Reden Sie darüber, wie Sie jeden Tag mit Kundinnen und Kunden umgehen.
Für mich sind das die schönsten und besten Augenblicke meiner Arbeit – es sind magische Momente, dank ihnen ist es auf einmal ganz leicht, eine neue Sprache zu entwickeln und tief zu verankern. Niemand mehr fragt: «Dürfen wir das und ist das richtig?» Brief, Briefing und Mikro-Wording können die wichtigen Debatten über Sprache, Stil, Inhalt und Aufbau einer Botschaft begleiten.

KAPITEL 1   **Neue Strategien für gute Korrespondenz**

Definition von Brief, Briefing, Mikro-Wording

Beziehung

Brief: Der Brief ist anspruchsvoll, weil der Sender Dialog und Nachricht verbinden muss. In einem Brief kommt es auf die richtige Dosis an: Was sage ich, wie viel sage ich und wie ist mein Tonfall? Ideal sind Briefe da, wo die Beziehung zwischen Sender und Empfänger genauso wichtig ist wie der Inhalt. Im Brief geht es auch um die Kontaktqualität. Er ist mehr als reine Informationsvermittlung. Der Brief pflegt die Beziehung. Im Brief gibt es die Ich-Botschaft; sie stärkt den Austausch und verkürzt die Distanz zwischen Sender und Empfänger. Der Brief arbeitet mit verschiedenen Anrede- und Grussformen. Beides passt zum Inhalt und wirkt angemessen in der Beziehung. Neutral: Sehr geehrte Frau Meier/Freundliche Grüsse. Persönlich: Lieber Herr Meier/Freundlich grüssen Sie/Ich grüsse Sie freundlich/Herzliche Grüsse. Entspannt: Grüezi Frau Müller/Guten Tag Herr Müller/Bis bald!/Auf Wiedersehen/Herzlich.

Nachricht

Briefing: Hier steht die Nachricht im Vordergrund, nicht die Ich- oder persönliche Du-Botschaft. Auch die Beziehung ist weniger im Zentrum, die Sache ist wichtig. Das Briefing verlangt dennoch viel, weil die Autoren ihr Thema gut kennen müssen. Im Briefing wird eine Geschichte erzählt, es geht grundsätzlich um Wissensvermittlung. Wenn sich Sender und Empfänger kennen oder klar ist, dass der Fokus auf der Nachricht liegt, ist das Briefing ideal. Auch in heiklen Situationen kann das Briefing helfen, weil es auf der Sachebene bleibt und wir uns nicht krampfhaft um einen Dialog oder um Empathie kümmern müssen. Die Anrede- und Grussform ist neutral: Sehr geehrte Dame, sehr geehrter Herr/Freundliche Grüsse oder Guten Tag/Freundliche Grüsse.

Kurzbotschaft

Mikro-Wording: Es ist die einfachste Art des schriftlichen Austausches und besonders im E-Mail-Verkehr geeignet, denn oft schreiben wir nach einem Gespräch ein paar Zeilen. Der Text ist kurz und muss stilistisch nicht ausgereift sein. Das Mikro-Wording ist ideal in Situationen, in denen sich Sender und Empfänger über Kurzbotschaften gut verständigen. Oft braucht es nicht mehr als ein paar Worte. Der Kurzbrief mit Ankreuzfeldern ist das klassische Beispiel für Mikro-Wording und sehr beliebt. Und weil Mikro-Wording erfrischend und kreativ sein kann, braucht es oft weder Anrede noch Gruss.

KAPITEL 1 | **Neue Strategien für gute Korrespondenz** | Definition von Brief, Briefing, Mikro-Wording

	Beispiele für Brief, Briefing und Mikro-Wording		
Brief	Auf Ihren Wunsch sende ich Ihnen die Dokumentation zum Thema «Textwerkstatt». Ich freue mich auf das Gespräch mit Ihnen.	Ihre Anfrage freut uns – vielen Dank für das E-Mail von gestern Abend. Gerne stellen wir Ihnen unser Angebot vor. Frau Martina Muster, Leiterin Kundendienst, ist Ihre Ansprechpartnerin. Freundlich grüsst Sie (Name)	Gerne bestätigen wir Ihre Anmeldung zum Tagesseminar «Entrümpeln.ch». Wir freuen uns, Sie kennenzulernen.
Briefing	Die Dokumentation «Textwerkstatt» zeigt Ihnen, wie das Fünf-Punkte-Prinzip der Brief- und E-Mail-Sprache funktioniert. Seite 3 informiert Sie zum Beispiel über ...	140 m² Wohnfläche, Eichenparkett, Lift direkt in die Wohnung, Süd- und Westbalkon, 5 Zimmer. Miete: CHF ... Mit diesem Angebot möchten wir Sie begeistern und zu einer Besichtigung einladen. Rufen Sie uns an.	«Entrümpeln.ch» startet um 9.00 Uhr und dauert bis 17.30 Uhr. Im Einladungstext ist noch die Vorbereitungsaufgabe für Sie beschrieben. Wir sehen uns in Basel.
Mikro-Wording	Hier die «Textwerkstatt». Wir hören voneinander – bis bald.	Die Dokumentation (Word-Datei ...) sagt Ihnen alles, was Sie brauchen. Ich bin morgen Dienstag im Büro (Nummer).	Viel Freude im Seminar «Entrümpeln.ch»!

Welches Wording für welche Situation?

Brief: Neue Kontakte/Beschwerdemanagement, das Empathie erfordert/ persönliche Botschaften/Offerten, die mit Dialog verbunden werden/ begründete, persönliche Absagen/schwirige Nachrichten und immer dann, wenn Sie etwas gemächlicher unterwegs sein möchten und sich Zeit lassen. Zum Brief passen auch Klassiker, einfach anders eingesetzt. Zum Beispiel: «Jederzeit» – «Ich bin jederzeit Ihr Ansprechpartner.»/«Erlauben», «hoffen» – «Ich erlaube mir, Ihre Adresse dem Vertriebsteam weiterzuleiten, und hoffe, das ist in Ordnung für Sie.»/«Dürfen» – «Dürfen wir mit Ihrer Stellungnahme rechnen?»

Briefing: Bewerbungen/Beschwerdemanagement, das Argumente verlangt/bestehende Kontakte/Unternehmen und Kunde kennen sich, sind laufend im Gespräch/Offerten, die auf Fakten basieren/Berichte/Stellungnahmen/Weisungen/Protokolle.

Mikro-Wording: Empfänger ist mit einem Hinweis zufrieden. Kurzbriefe, Routineinformationen wie Protokolle, die regelmässig an eine bestimmte Personengruppe über E-Mail versendet werden, sind ideal für die Mininachricht. Mikro eignet sich auch, wenn Sender und Empfänger oft in Kontakt stehen, sich kennen und vertraut sind. Oder wenn wir bewusst etwas Ungewohntes tun möchten, Mikro-Wording ein kreatives Stilmittel ist, das verblüffen und erstaunen darf.

Eine Chance für die Praxis

Die drei verschiedenen Kommunikationsmöglichkeiten gilt es nicht immer streng auseinanderzuhalten, Mischformen sind möglich und entsprechen der Realität. Und oft haben wir es mit «kolorierten Grauzonen» zu tun – vieles ist möglich, und letztlich entscheiden Sie selber, welche Strategie Ihnen zusagt, in welcher sprachlichen Typologie Sie sich wohlfühlen. Und wenn ein Unternehmen seinen Kommunikationsauftrag analysiert, sind die drei Korrespondenzwege eine Hilfe für die Entwicklung von Standards, welche die Kommunikationsqualität sichern. Mitarbeitende müssen sich nicht jeden Tag aufs Neue überlegen, wie sie auf ihre Kunden zugehen sollen, Grundsatzdebatten entfallen.
Bei den Top-Themen im nächsten Kapitel begegnen Ihnen einige Male verschiedene Varianten für die gleiche Situation. Nehmen Sie sich etwas Zeit für die Nuancen.

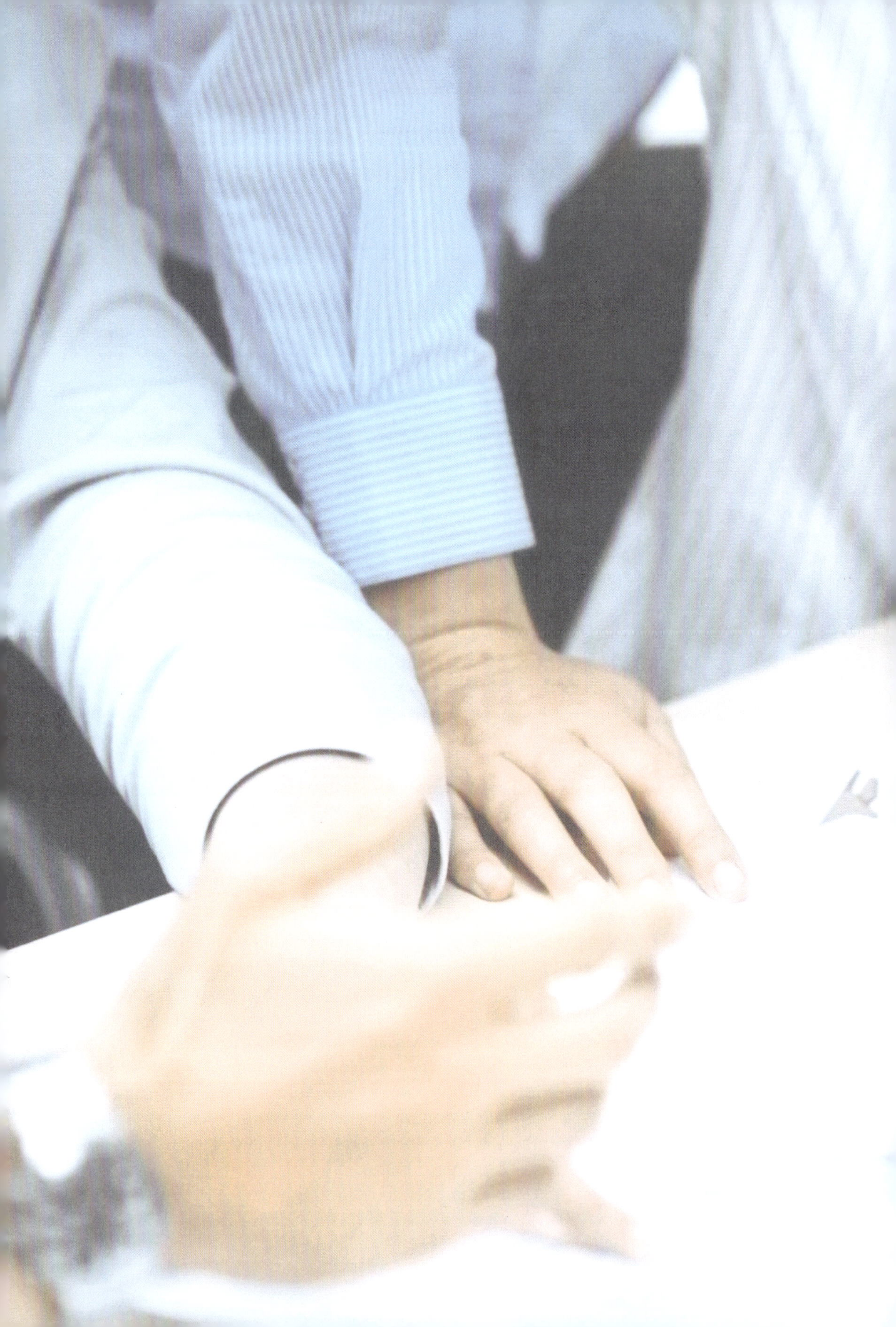

Navigation

So finden Sie Ihre Brief- und E-Mail-Beispiele

Die Struktur macht es Ihnen einfach,
den richtigen Text zu finden.
Folgen Sie dieser Navigation:

23 Top-Themen
Die häufigsten Textthemen für den Alltag

97 Special
Die Bewerbungen und Absagen

147 Heisse Eisen
Weisungen, Verwarnungen, Reklamationen

163 Der Weg zum internen Sprachleitbild
Interne Kommunikation

.2

KAPITEL 2

Ab die Post! Die Top-Themen

Die Beispiele in diesem Kapitel sollen Sie inspirieren und die Diskussion über die Korrespondenz neu beleben. Nutzen Sie die Muster für Ihre Nachrichten und legen Sie Ihre eigenen Grundsätze für Briefe und E-Mails fest. Die beiden Informationskanäle sind verschieden und haben doch einige wichtige Gemeinsamkeiten. Sie sind schriftlich, können weitergeleitet werden und sind verbindlich. «Ab die Post!» befindet sich mitten in der Praxis, wo Informationen rasant, spontan und ständig fliessen. Die Navigation hilft Ihnen bei der Orientierung in den Themen.

Die Top-Themen
- → **Kundenanfragen beantworten**
- → **Dokumente weiterleiten**
- → **Termine anfragen, bestätigen, absagen (intern, extern)**
- → **Offerten schreiben**
- → **Rechnungen an Kunden**
- → **Mahnungen**
- → **Einladungen**
- → **Abwesenheitstext (E-Mail)**
- → **Interne Kommunikation**

Die 10 häufigsten Fehler
1. E-Mails werden unüberarbeitet gesendet.
2. Informationen sind nicht strukturiert.
3. Der Wortschatz ist klein, es kommen immer wieder die gleichen Wörter vor.
4. Inhalt, Stil, Grammatik und Rechtschreibung sind dürftig.
5. Kundenanliegen wird zu wenig beachtet, Informationen sind nicht relevant für Lesende.
6. Die Sprache ist negativ (nicht, keine, leider, bedauern, aber).
7. Nachrichten hören nicht lösungsorientiert auf (Schlusssatz).
8. Die Anrede ist unpersönlich und im Plural.
9. Keine Flexibilität, Aufbau und Wortwahl sind immer gleich.
10. Für sich selber und ohne Kundensicht.

Top-Themen

Kundenanfragen beantworten

Eine Bestellung wird per E-Mail bestätigt.

Mikro-Wording

Ihre Bestellung vom . . .

Guten Tag Frau Meier

In den nächsten fünf Tagen erhalten Sie Ihr Produkt per Post zugestellt. Vielen Dank für Ihren Auftrag und bis zum nächsten Mal.

Wir grüssen Sie aus Zürich.

Name/Namen

IN
Wenn Sie ein E-Mail beantworten, können Sie im Textfeld einen Titel setzen «Ihre Bestellung vom . . .». Der Titel im Textfeld ist ein Blickfang und gibt den Zeilen Struktur.

OUT
Ihre Anfrage haben wir erhalten.
Vielen Dank.
Wunschgemäss senden wir Ihnen gerne . . . .
Besten Dank für Ihr E-Mail vom . . . .

| KAPITEL 2 | **Top-Themen** | Kundenanfragen beantworten |

Die Bestellung wird aufgenommen, das Lieferdatum ist noch nicht bekannt.

Mikro-Wording

Lieferfrist vom …

Sehr geehrte Frau Meier

Wir klären ab, wann die Artikel lieferbereit sind. Sie erhalten noch heute eine schriftliche Rückmeldung.
Wir setzen uns für eine rasche Erledigung ein – vielen Dank für Ihren Auftrag.

Bis bald.

Name

IN
Kunden möchten eine Lösung oder wissen, wie es weitergeht. Machen Sie deutlich, was Sie tun, das reicht aus und erübrigt weitere E-Mails, die nur Zeit kosten, aber nicht wichtig sind. Und die obligate Frageformel am Schluss braucht es auch nicht immer.

OUT
Gemäss Ihrer Anfrage vom … können wir noch nicht bestätigen, wann … und … lieferbereit sind.
Wir bitten Sie um Verständnis.
Bei Fragen rufen Sie uns einfach an.

| KAPITEL 2 | **Top-Themen** | Kundenanfragen beantworten |

Ein Unternehmen bestätigt die Ankunft von Dokumenten.

Mikro-Wording

Dateien…

Sehr geehrter Herr Meier

Alle Dokumente sind angekommen – Danke für Ihre Arbeit.
Die Inhalte entsprechen unseren Vorstellungen. Wir freuen uns auf die Zusammenarbeit und grüssen Sie!

Name/Namen

IN

Versuchen Sie, solche Anfragen erst zu beantworten, wenn die Nachricht oder Antwort klar ist. So arbeiten Sie mit einem guten Zeitmanagement und vermeiden Infoflut. Wenn Sie einen Zwischenbescheid geben, nennen Sie wenn möglich ein Datum für die Rückmeldung. So kann sich auch Ihr Gesprächspartner einrichten und fühlt sich nicht auf die Wartebank geschoben.

OUT

Wir bestätigen den Eingang Ihres E-Mails und teilen Ihnen mit, dass….
Besten Dank für Ihr Mail vom….
Wir werden die Dokumente prüfen und uns wieder bei Ihnen melden.

Top-Themen

Kundenanfragen beantworten

Ein E-Mail wird beantwortet und das weitere Vorgehen bekanntgegeben.

Briefing/Brief

Gesprächstermin

Guten Morgen Herr Schmid

Frau Irene Muster, Leiterin Logistik, informiert heute alle Abteilungen über unser Vorhaben und kommt für die Detailabsprache am Freitagvormittag auf Sie zu. Sie brauchen mir nur zu antworten, wenn dieser Zeitpunkt unpassend ist.

Wir freuen uns auf die nächsten Schritte und grüssen Sie freundlich.

Name/Namen

IN

Beziehungsnachrichten wie Danke sagen oder ein Vertrauen aussprechen sind auch im letzten Satz möglich. Beginnen Sie Ihre Mails mit der wichtigen Botschaft, auch im Brief.

OUT

Bitte teilen Sie uns mit, ob der Termin für Sie in Ordnung ist.

Ein Termin mit Details wird bestätigt.

Mikro-Wording

Grüezi Frau Huber

Der Termin ist eingetragen, die Dokumente für die Teilnehmenden kopiert. Für uns ist alles klar.

Bis Freitag!

Name

IN

Auch im kürzesten E-Mail ist es möglich, eine brauchbare Information zu senden. Überlegen Sie, was Ihr Gesprächspartner von einer Bestätigung erwartet. Meistens mehr als «Besten Dank».

OUT

Besten Dank für Ihre Nachricht/Ihre Unterlagen.

KAPITEL 2 — Top-Themen — Kundenanfragen beantworten

Ein Gesprächspartner wird über ein weiteres Vorgehen informiert.

Briefing

Terminsuche

Guten Morgen Herr Huber

In Ihrem Mail von gestern bitten Sie um eine Besprechung mit der Geschäftsleitung noch vor dem Wochenende. Weil Frau Meier und Herr Huber bis Dienstag im Ausland sind, müssen wir einen anderen Termin finden. Diese Daten sind möglich.
–
–
–

Welches Datum ist günstig für Sie? Gerne erwarte ich Ihre Antwort und grüsse Sie freundlich.

Name

IN

«Leider» und «bedauern» sind in Beziehungsnachrichten wichtig. Die Geschäftsleitung braucht sich für die Abwesenheit nicht zu entschuldigen, was dem Empfänger auch nichts nützt. Er möchte eine Lösung. Fragen im Schlusssatz verstärken die Aufmerksamkeit und signalisieren Dialogbereitschaft.

OUT

Kein «leider» und «bedauern» auf Sachebene.
Besten Dank für Ihr Mail. Leider ist es der Geschäftsleitung nicht möglich, den Termin vor dem Wochenende wahrzunehmen.

Eine Reservation wird bestätigt.

Briefing

Reservationsbestätigung für Frau Ursula Muster

Ort	RailCity Zürich, Raum 001, 2. OG
Datum	Mittwoch und Donnerstag, … 2010
Zeit	8.00 bis 17.30 Uhr
Einrichtung	Beamer, Flip-Chart, Pinnwand, Hellraumprojektor
Service	Kaffeemaschine, Teewasser, Mineral, Orangensaft, BrainFood
Kosten	CHF 580.– (Spezialangebot)
Ansprechpartner	Markus Müller (Telefon/E-Mail)

Schön, dass Sie bald bei uns sind – herzlich willkommen.

Name

IN

Dieses Mail könnte eine Vorlage sein, die immer wieder benutzt wird. Der Name im Titel wirkt persönlicher als «Sehr geehrte Dame, sehr geehrter Herr» oder «Guten Tag». Frische Zwischentöne beleben ein Briefing.

OUT

Gemäss Ihrer E-Mail-Anfrage vom …
bestätigen wir Ihnen gerne.
Bitte beachten Sie die folgenden Details.

KAPITEL 2 | **Top-Themen** | Kundenanfragen beantworten

Eine Kundin möchte etwas erledigt haben. Sie bekommt eine automatische E-Mail-Antwort mit einer Wegleitung.

Briefing

Daueraufträge

Sehr geehrte Kundin
Sehr geehrter Kunde

Klicken Sie auf http://www. … und Sie sehen, wie Sie Ihren Dauerauftrag erfassen können.
Unser Helpdesk ist zu folgenden Zeiten telefonisch erreichbar:
Montag bis Freitag, 7.00 bis 20.30 Uhr / +41 44 ….

Wir wünschen Ihnen einen schönen Tag.

Absender ohne Name

IN
Verfassen Sie automatische E-Mail-Nachrichten im Aktiv, was den Text aktueller und lebendiger macht. Kundenfreundlich sind klare Zeiten und Telefonnummern.

OUT
Vielen Dank für Ihre Anfrage.
Unter www. wird die Erfassung von Daueraufträgen erklärt. Bei Fragen steht Ihnen unser Helpdesk zur Verfügung.

Ein Unternehmen bedankt sich für einen unterzeichneten Vertrag bei Geschäftspartnern/Beratern.

Mikro-Wording/Brief

Auftragsbestätigung

Sehr geehrter Herr Huber
Sehr geehrter Herr Schmid

Ihre Zusage freut uns, und wir danken Ihnen für die unterzeichneten Verträge.

Wir sehen uns im Oktober zur Projektbesprechung. Bis dahin bleiben wir telefonisch und über E-Mail in Kontakt.

Freundliche Grüsse und eine schöne Zeit

Name/Namen

Mikro-Wording/
Briefing

Projekt «Kundenorientierung»

Guten Tag Frau Meier

Ihre Auftragsbestätigung/Ihre Unterschrift ist eingetroffen. Die Teams freuen sich auf Ihre Beratung.

Ich grüsse Sie nach Berlin.

Namen

PS: Im September sollten von den Niederlassungen alle Auswertungen zu Kundenorientierungen bei uns sein. Wir informieren Sie so schnell wie möglich darüber.

KAPITEL 2 | **Top-Themen** | Kundenanfragen beantworten

Mikro-Wording

Es kann losgehen…

Guten Tag Frau Meier

Mit Ihrer Unterschrift auf dem Vertrag beginnt unsere Kooperation.

Vielen Dank für Ihr Vertrauen.

Name/Namen

IN
Wenn die Inhalte geklärt sind, dient die E-Mail-Bestätigung als Kontakt, den Sie entspannt angehen dürfen.

OUT
Besten Dank für die Rücksendung der Verträge.
Wir bestätigen den Eingang der Verträge und danken dafür.
Für Fragen sind wir gerne für Sie da.

KAPITEL 2 — Top-Themen — Kundenanfragen beantworten

Eine Anfrage kann nicht positiv beantwortet werden.

Briefing

Ware zurücksenden

Sehr geehrte Frau Meier

Ihre Bestellung vom … ist bereits unterwegs, für eine Stornierung des Auftrages ist es zu spät.
Sie haben jedoch die Möglichkeit, die Ware/Sendung innerhalb von 14 Tagen in der Originalverpackung zurückzusenden.

Freundliche Grüsse

Name

IN
Bei negativen oder unangenehmen Nachrichten ist es wichtig, die Ablehnung nicht auf der persönlichen Sie-Ebene zu formulieren, sondern als neutrale Nachricht. Im Titel gleich die Lösung ansprechen.

OUT
Die von Ihnen gewünschte Stornierung ist leider nicht mehr möglich, weil ….
Wir bitten Sie um Verständnis.
Wir bedauern, keinen besseren Bescheid geben zu können.
Wir bitten um Kenntnisnahme.

Eine Ware kann nicht geliefert werden.

Briefing/Brief

Alternativprodukt

Sehr geehrte Frau Meier

Das Produkt/der Titel … ist nicht mehr lieferbar. Gerne helfen wir Ihnen telefonisch bei der Wahl einer Alternative – oder schauen Sie auf unserer Webseite nach: http://www. … .

Wir hoffen, Sie finden einen passenden Ersatz, und danken Ihnen für die Bestellung.

Freundliche Grüsse

Name

IN

«Hoffen» passt, wenn Sie eine Lösung oder ein Vorgehen vorschlagen und das weitere Vorgehen dem Kunden überlassen.

OUT

Das von Ihnen gewünschte Produkt ist leider nicht mehr lieferbar.
Wir bedauern diese Nachricht und stehen Ihnen für weitere Fragen gerne zur Verfügung.
Wir würden uns freuen, Sie weiterhin zu unserer zufriedenen Kundschaft zählen zu dürfen.

KAPITEL 2 | **Top-Themen** | Kundenanfragen beantworten

Jemand wünscht eine Dokumentation zu einer Veranstaltung.

Mikro-Wording

Guten Tag Herr Müller

Schon heute herzlich willkommen in Zürich. Die Dokumentation beinhaltet alles, was Sie für … wissen müssen.

Sehen wir uns?

Name/Firmenname

IN
Auf die Sendernachricht achten. Ist eine Anfrage kurz und präzise, braucht es nicht viel Text für die Antwort. Beantworten Sie das Anliegen schnell.

OUT
Besten Dank für Ihre Anfrage. Wie gewünscht senden wir Ihnen … Wir hoffen, Ihnen hiermit gedient zu haben, und würden uns freuen, Sie bald begrüssen zu dürfen.

KAPITEL 2 | **Top-Themen** | Kundenanfragen beantworten

Top-Tipp

Anfang
Am besten geht es mit dem Kopfsprung ins Thema. Steigen Sie in Briefen und E-Mails nach der Anrede gleich ins Thema ein. Sorgen Sie für einen starken Titel, der Einleitungen überflüssig macht. Und denken Sie daran: Die ersten Worte sind die wichtigsten. Wenn die gut sind, lesen wir weiter.

E-Mail
In der Schweiz verwenden wir «das E-Mail» oder «das Mail». Wir sprechen auch von «der Fax» und nicht von «das Fax». Wenn wir mit den deutschsprachigen Nachbarn zu tun haben, dürfen wir unsere Kultur pflegen, die Nachbarn tun es ebenso. Zum Beispiel mit dem Komma nach der Anrede oder mit dem scharfen «S» (Eszett). Natürlich ist es nicht falsch, «die E-Mail» zu schreiben.

Ankreuz-Zettel
Sie sind das perfekte Beispiel für schnellen Austausch und Mikro-Kommunikation. Kurz und knapp ist alles gesagt. Nutzen Sie gute, kreative, neue Ankreuzzettel für Ihre Kunden. Senden Sie aber nicht eine A4-Seite voller Aussagen, und nur eine oder zwei sind mit einem Kreuz versehen. Impulse setzen, nicht zutexten.

Die Kunden wollen keine Floskeln!
Kunden möchten frische und informierende Texte. Niemand verlangt nach Floskeln oder «Trockensträussen». Warum muss eine wichtige Information langweilig kommuniziert werden?

Die Wörtchen «wir», «ich»
Wir bitten Sie, den Vertrag unterzeichnet zurückzusenden.
Besser: Bitte senden Sie den Vertrag unterzeichnet zurück, vielen Dank.
Ich mache Sie auf folgende Punkte aufmerksam: ...
Besser: Die folgenden Punkte sind wichtig (für Sie): ...

Doppelunterschrift
Da das Auge zuerst auf den links erwähnten Namen schaut, sollte die Ansprechperson links erwähnt werden und nicht mehr der Ranghöhere. Mit diesem kleinen Dreh lassen sich Konfusionen und unnötige Telefonate vermeiden.

Top-Themen

Dokumente intern und extern weiterleiten

Ein Bericht wird intern per Mail verschickt.

Mikro-Wording

Protokoll Leitungsteam

Liebe Kollegin, lieber Kollege

Ich danke Dir für Deinen Beitrag an der Juni-Sitzung (Protokoll im Anhang).

Name

Mikro-Wording

Unser Gespräch vom …

Guten Morgen in Bern

Das Protokoll der Planungsbesprechung vom … ist fertig (siehe PDF). Ich danke Dir für die Unterstützung.

Die nächste Planungsbesprechung ist in Biel. Die Einladung folgt später.

Name

IN
Im Singular schreiben. Dokumente am Satzende in Klammern setzen (siehe PDF).

OUT
E-Mail ohne Text oder z.K.

KAPITEL 2 | **Top-Themen** | Dokumente intern und extern weiterleiten

Briefing/Brief

Jahresthemen …

Guten Morgen

Die Geschäftsleitung wünscht, dass die Aufgaben für die Aussendienstmitarbeiter für das nächste Jahr neu formuliert werden. Seite 8 des Sitzungsberichtes informiert über die Details. Die GL erwartet Deine Beurteilung für die Jahresplanung bis … .
Bitte sende mir Deine Beurteilung/Deinen Kommentar bis … .
Ich danke Dir herzlich.

Name

IN
Im E-Mail die Anrede der Tageszeit anpassen oder auch erweitern, etwa so: «Guten Abend, liebes Team».

OUT
«Liebe alle» als Freestyle-Übersetzung von «Dear all» und bei Appellen den Plural wählen: «Ich erwarte Eure Berichte …»

Briefing

Meeting…

Guten Morgen!

Korrekturen oder Hinweise zum Protokoll nehme ich bis Freitag, …, entgegen.
Vielen Dank fürs Lesen und einen schönen Tag.

Name

IN

Auch bei Routinemails ist es angebracht, den Empfängern zwischendurch für ihren Beitrag oder ihre Zeit zu danken. Mikro-Wording ist auch für kurz formulierte Wertschätzungen geeignet. Vorsicht mit Appellen: Es ist nicht nötig zu schreiben: «Bitte lesen Sie das Protokoll.» Die Nachricht, bis wann Korrekturen willkommen sind, wirkt freundlicher und ist informativ. Menschen informieren und nicht vor sich hertreiben.

OUT

Im Anhang finden Sie/findet Ihr das Protokoll.
Bitte lest das Protokoll und sendet allfällige Korrekturen bis … zurück.
Wie immer das Protokoll unserer Sitzung.
Zur Kenntnisnahme sende ich Ihnen den Sitzungsbericht.
Wunschgemäss sende ich Ihnen im Anhang das Protokoll.

Top-Themen

Eine Assistentin leitet im Auftrag der Geschäftsleitung wichtige Dokumente weiter.

Briefing/Brief

Neuausrichtung: vertrauliche Dokumente

Sehr geehrte Frau Meier
Sehr geehrte Frau Schmid

Im gestrigen Gespräch in München haben Sie mit Herrn Schönbaum die Details zur Neuausrichtung geklärt. Die Dokumente sind eine Ergänzung zu diesem Meeting und informieren Sie über.... Die Papiere sind bis zum Start im August 2010 vertraulich.

Im Namen von Herrn Jürgen Schönbaum danke ich Ihnen für die Sorgfalt und die positive Zusammenarbeit.

Freundliche Grüsse

Name

IN

Besonders im E-Mail ist ein schnelles Briefing wichtig. Informieren dürfen auch Personen in Assistenzfunktion. Sie sind mehr als i.A-Menschen. Sie wissen Bescheid und sind Ansprechpartner.

OUT

Im Auftrag von Herrn ... sende ich Ihnen hiermit die vertraulichen Dokumente. Bezug nehmend auf Ihre gestrige Besprechung mit unserem Herrn ... erhalten Sie in der Anlage die Dokumente.
Unschön sind auch hier «Gemäss» oder «Laut».
i.A. Maja Muster

KAPITEL 2 — **Top-Themen** — Dokumente intern und extern weiterleiten

Ein Mitarbeiter leitet ein externes Mail an einen internen Kollegen weiter.

Briefing

Jahreszahlen für die Medien

Hoi Urs

Frau Ursula Müller von der Zeitung … bittet mich in ihrem E-Mail vom … um die Jahreszahlen. Ich nehme an, Du bist der richtige Ansprechpartner für Frau Müller.

Danke, dass Du Dich darum kümmerst. Grüsse aus der zweiten Etage.

Name

IN

E-Mails von anderen Personen immer mit einem Auftrag weiterleiten. Beachten Sie, dass Ihr Gegenüber meistens unvorbereitet ein solches Mail bekommt und sich ungerne durch fremde Mails liest, die im Moment auch gar nicht wichtig sind für uns. Beim Briefing im ersten Satz das Präsens wählen. «Frau Müller bittet mich», nicht «hat mich gebeten».

OUT

Weiterleiten ohne Kommentar oder Auftrag (help yourself …)
Zur Kenntnisnahme.

Top-Themen — Dokumente intern und extern weiterleiten

Ein E-Mail mit Attachement wird intern oder extern weitergeleitet. Die Absenderin ist nicht mit allen Personen per Du.

Briefing

Tagung «Kundengewinnung»: E-Mail von Martin Muster

Sehr geehrte Frau Strebel
Sehr geehrte Dame, sehr geehrter Herr
Liebe Kollegin, lieber Kollege

Die Nachricht von Herrn Muster (siehe Mail vom …) leite ich Ihnen weiter mit dem Auftrag, die Fragen zur Tagung zu beantworten. Bitte senden Sie mir Ihre Rückmeldung bis …

Ich danke Ihnen für Ihr baldiges E-Mail und grüsse Sie freundlich.

Name

IN

Personen in besonderen Funktionen (Vorgesetzte, Externe, Kunden, Verantwortliche von Hotels, Tagungsorten usw.) können einzeln mit Name angesprochen werden. Für weitere Kreise geht «Sehr geehrte Dame, sehr geehrter Herr». Wichtig ist, dass die einzeln erwähnte Person den Gesprächspartnern bekannt ist oder über die E-Mail-Adresse identifiziert werden kann.
Der Text ist bei Du/Sie-Ansprechpersonen in der Sie-Form.

OUT

Die Anrede im Plural.
Sie und Du im gleichen Text mischen.
Darf ich Sie um Ihre Rückmeldung bis … bitten?
Ich wäre Ihnen dankbar, wenn Sie mir dieses E-Mail bis … beantworten könnten.

KAPITEL 2   **Top-Themen**   Dokumente intern und extern weiterleiten

Ein E-Mail ist am falschen Ort angekommen und wird intern ohne Auftrag an eine Personengruppe weitergeleitet.

Mikro-Wording

Guten Morgen!

Die Nachricht von Frau Hasler (siehe Mail) betrifft nicht unser Team. Ein Fall für das Marketing?

Ich wünsche eine gute Woche.

Name

IN

E-Mails – und sind sie noch so kurz – mit einer Information weiterleiten. Ohne Kommentar landen weitergeleitete E-Mails im Papierkorb oder irgendwo sonst in der Versenkung. Das Ausrufezeichen nach der Anrede ist positiv. Bei E-Mails und Briefen mit Weisungen und Forderungen kann das Ausrufezeichen allerdings zu laut wirken. Positives, Erfreuliches darf immer mit Verstärkungszeichen unterstrichen werden.

OUT

Zur Kenntnis…
Zur Info…

KAPITEL 2 — Top-Themen — Dokumente intern und extern weiterleiten

Ein Mitarbeiter leitet ein E-Mail intern an eine höhere Stelle weiter und erkundigt sich über das weitere Vorgehen.

Brief/Briefing

Beratungsauftrag von Muster AG

Guten Tag Herr Meier

Am letzten Managementmeeting in Zürich diskutierten wir die IT-Umstellung in Deutschland. Gestern ist das E-Mail von Herrn Müller aus Frankfurt eingetroffen. Er erwartet mein Feedback bis heute Abend. Werden Sie ihm direkt antworten oder erhalte ich Ihre Rückmeldung?

Ich danke Ihnen für eine Nachricht und grüsse Sie aus der Bahnhofstrasse.

Name

PS: Heute Vormittag bin ich von 14.15 bis 15.00 Uhr am Meeting der Verkaufsleiter und später bis ca. 19.30 Uhr im Büro.

IN

Ein Briefing, in dem das Anliegen (ohne Konjunktiv!) geschildert wird, wirkt nicht unhöflich, weil der Leser mit der Information versteht, warum er etwas tun muss. Schildern Sie auch höher gestellten Personen Ihr Anliegen. So wird Ihrem Gesprächspartner klar, warum Sie etwas brauchen; Appelle wirken verständlich und nicht unangemessen.

OUT

Zur Information sende ich Ihnen …
Gemäss dem E-Mail von Herrn …
bitte ich Sie um eine rasche Antwort.
Konjunktivformen bei Bitten: Eine rasche Antwort wäre mir sehr wichtig/Ich wäre Ihnen dankbar, wenn …
Für Fragen können Sie mich gerne kontaktieren.

Top-Tipp

Nähe

Schreiben Sie im Singular, auch wenn die Nachricht an mehrere Personen geht. Singular sorgt, besonders im E-Mail, für Nähe und Verbindlichkeit. Schreiben Sie nicht: «Ich zähle auf vollständiges und vollzähliges Erscheinen.» Besser ist: «Ich danke Dir für die Teilnahme.» / «Ich danke Ihnen für das Erscheinen.»

Sehr geehrte Damen und Herren

Die vielen Menschen am Anfang eines Textes braucht es nicht, wir lesen meistens ganz alleine. Singular «Sehr geehrte Dame, sehr geehrter Herr» bewirkt zudem, dass wir beim Schreiben auf eine Person schauen.

Kopie z. K.

Das ist alt und kann abgelegt werden. Kopien nicht mehr «zur Kenntnis» verschicken. Kopie für oder an … genügt vollkommen.

Das WAM-Prinzip

WAM = «Wait a Minute». Das E-Mail braucht Entschleunigung. Oft ist es besser, einige Minuten oder auch Stunden abzuwarten, bis eine Nachricht gesendet wird. Zudem erledigt sich auch einiges von selbst.

KAPITEL 2 Top-Themen

Interne und externe Termine anfragen, ankündigen, bestätigen, absagen

Ein Unternehmen fragt einen externen Spezialisten für ein Referat an.

Briefing/Brief

HR-Forum in Luzern: Anfrage für ein Referat

Sehr geehrter Herr Muster

In der Fachzeitschrift … publizieren Sie regelmässig Beiträge über HR-Management im multikulturellen Umfeld. Wir sind eine Organisation, die sich mit … befasst und Ihre Gedanken im Aufbau von … einfliessen lassen möchte. Am 20. August führen wir in Luzern zum ersten Mal das HR-Forum durch und möchten Sie als Referent gewinnen. Das genaue Programm sowie unser Profil sehen Sie im PDF.

Als Trainingsverantwortliche bin ich für die Referenten und Themen zuständig. Ich freue mich sehr, wenn Sie Interesse haben, am 20. August um 14.00 bis ca. 16.00 Uhr zu Ihrem Fachgebiet zu sprechen.

Gerne kläre ich die Details telefonisch mit Ihnen.

Ich danke Ihnen für Ihren Bescheid und grüsse Sie freundlich aus Basel.

Name

IN

Dem Empfänger verschiedene Kontaktmöglichkeiten anbieten und etwas Luft für die Antwort lassen. Ganz dringende und kurzfristige Nachrichten klar formulieren und mögliche Gedanken des Lesers vorwegnehmen: «Ich weiss, dass meine Anfrage sehr kurzfristig ist. Umso mehr freue ich mich, wenn dieser Termin bei Ihnen noch frei ist.» Den Konjunktiv nur einsetzen, wenn eine Absicht oder Aussage wirklich sehr zurückhaltend gemeint ist.

OUT

Unterschwellig Druck aufsetzen: «Darf ich Sie um eine rasche Antwort bitten?» Zu viele Fragen: «Möchten Sie als Referent auftreten? Haben Sie Zeit? Wie sind Ihre Honorarvorstellungen?» «Konservenfreundlichkeit»: Für allfällige Fragen stehe ich Ihnen gerne zur Verfügung.

Top-Themen

Interne und externe Termine anfragen, ankündigen, bestätigen, absagen

Ein Mitarbeiter fragt Kollegen für einen Besprechungstermin an.

Briefing

Büroumzug Pavillon 3

Hallo Sonja, Martin und Peter

Die Hausverwaltung informierte mich heute Morgen über den Büroumzug. Im Juli ist es so weit, wir ziehen in den Pavillon 3 um und richten uns da bis nächsten März ein. Können wir das gemeinsam planen? Diese Termine sind bei mir frei:
–
–
–

Wie schaut es bei Dir aus? Ich brauche das Feedback möglichst schnell.

Bis gleich!

Name

KAPITEL 2 | **Top-Themen** | Interne und externe Termine anfragen, ankündigen, bestätigen, absagen

Mikro-Wording

Besprechungstermin

Guten Morgen!

Die Hausverwaltung informierte mich über den Umzug. Wir müssen die Details besprechen. Wann hast Du Zeit?

Name

IN

Maximal drei Personen namentlich ansprechen. Die Anrede wird sonst zu lang. Auf der Du-Ebene ist auch ein «Hallo Sonja» in Ordnung.
Als Kollege – wenn die Kontaktebene stimmt und entspannt ist – sind knappe Appelle angemessen. Mikro-Wording eignet sich gut für Terminanfragen im Outlook, Lotus Notes usw. Bei Besprechungsanfragen oder Einladungen geht auch ein Mix von Plural und Singular, zum Beispiel: «Es ist wichtig, dass alle Projektleiter anwesend sind. Ich freue mich, Dich zu sehen.»

OUT

Hoi zusammen/Hallo zusammen! Bezüglich unseres Büroumzuges …

| KAPITEL 2 | **Top-Themen** | Interne und externe Termine anfragen, ankündigen, bestätigen, absagen |

Eine Kollegin erinnert Mitarbeitende an eine Sitzung, die regelmässig stattfindet.

Mikro-Wording

Ist der Termin eingetragen?

Am Donnerstag, …, sehen wir uns im Sitzungszimmer «Uetliberg» von 15.00 bis 16.45 Uhr.

Name

IN
Bei Routine-E-Mails, die der Erinnerung dienen, können Sie auf Anrede und Gruss verzichten. Eine Frage im Titel aktiviert und lädt zum Lesen ein.

OUT
Zur Kenntnis und zur Erinnerung sende ich Euch die Einladung für …

| KAPITEL 2 | **Top-Themen** | Interne und externe Termine anfragen, ankündigen, bestätigen, absagen |

**Ein Abteilungsleiter bittet zwei Mitarbeiter um ein Gespräch.
Er möchte schriftlich nicht zu viel preisgeben.**

Briefing

Managementaufgaben in Frankreich

Hallo Martin und Hanspeter

Die Entwicklungen in Frankreich halten uns in Atem. Mir ist Deine Meinung zur Situation wichtig, und deshalb bitte ich Dich am Mittwoch oder Donnerstag um einen Termin – am besten nach 18.00 Uhr.

Ich freue mich, wenn wir rasch ein Datum finden.

Bis später

Name

| KAPITEL 2 | **Top-Themen** | Interne und externe Termine anfragen, ankündigen, bestätigen, absagen |

Mikro-Wording

Management in Frankreich

Hallo Martin und Hanspeter

Ich bitte Dich am Mittwoch oder Donnerstag nach 18.00 Uhr um einen Austausch. Die Details zum Inhalt besprechen wir an der Sitzung.

Ich hoffe, es klappt, und danke für die Antwort.

Name

IN

Manchmal ist Schattenboxen angesagt. Wir gehen auf etwas ein, verraten aber nicht zu viel und kreisen um das Thema. Mit Mikro-Wording gelingt es, sachlich-diskret zu bleiben, ohne ein weites Feld für Interpretationen oder Gerüchte zu eröffnen. Anstelle der Verneinung («…möchte ich nicht bekanntgeben/ offenlegen/verraten…») ist die klare Aussage besser («…die Inhalte besprechen wir an der Sitzung…»). Je nach Teamkultur entscheiden Sie sich für einen Stil und eine Tonalität in Ihrer Botschaft.

OUT

Konjunktiv: «Es wäre gut, wir könnten die Lage in Frankreich besprechen.» «Die Details zur Besprechung möchte ich an dieser Stelle nicht bekanntgeben.» Viel schreiben und nicht viel sagen.

| KAPITEL 2 | **Top-Themen** | Interne und externe Termine anfragen, ankündigen, bestätigen, absagen |

Eine Ausbildungsabteilung kündigt einen Weiterbildungstermin an.

Briefing

Fortbildung: So sprechen wir!

Guten Morgen Kundendienst und Logistik

Heute in einer Woche ist kein Büro-, sondern Fortbildungstag.
Am Freitag, …, startet um 8.30 Uhr der Impulsworkshop «So sprechen wir!» im Lagerhaus 03.
Keine Angst, Ihre Arbeit bleibt nicht lange liegen. Gut informiert und verköstigt sind Sie um 11.00 Uhr wieder für Ihre Kunden da.

Dieser Workshop lohnt sich – wir rechnen mit Ihrer Teilnahme –
bis bald also.

Name

PS: Wenn alle Stricke reissen und Sie nicht teilnehmen können, bitte ich um eine Information.

IN

Mögliche Befürchtungen oder Widerstände gleich ansprechen («Keine Angst, Ihre Arbeit bleibt nicht lange liegen»). Im Schlusssatz die Erwartung betonen («wir rechnen mit Ihrer Teilnahme»). In einem freundlichen PS auf die Abmeldung hinweisen.

OUT

Wir würden uns freuen, Sie begrüssen zu können.
Begründete Absagen nimmt Frau Meier von der HR-Abteilung entgegen.

| KAPITEL 2 | **Top-Themen** | Interne und externe Termine anfragen, ankündigen, bestätigen, absagen |

Ein Sekretariat informiert Verwaltungsratsmitglieder über einen VR-Termin.

Briefing

Sitzung des Verwaltungsrates

Sehr geehrte Frau Verwaltungsratspräsidentin
Sehr geehrte Dame, sehr geehrter Herr

Ihre nächste Verwaltungsratssitzung beginnt am Montag, …, um 10.15 Uhr und dauert inklusive Lunch bis 15.30 Uhr. Ich danke Ihnen für die Reservation dieses Termins und wünsche Ihnen ein schönes Wochenende.

Freundliche Grüsse aus Winterthur

Name

IN
Dieses Mail könnte eine Vorlage sein, die immer wieder benutzt wird. Verschiedene Anreden wirken persönlicher als nur «Sehr geehrte Dame, sehr geehrter Herr» oder «Guten Tag». Möglich ist es auch so: «Sehr geehrte Frau Meier/Sehr geehrter Verwaltungsrat». Frische Zwischentöne beleben ein Briefing.

OUT
Gemäss Ihrer E-Mail-Anfrage vom … bestätigen wir Ihnen gerne ….

Ein Sekretariat lädt Verwaltungsratsmitglieder zu einer aussergewöhnlichen Sitzung ein.

Briefing

Neues Strategiepapier für Indien: Termin für VR-Sitzung

Sehr geehrte Dame
Sehr geehrter Herr

Am letzten Dienstag wurde bekannt, dass uns … die Zertifizierung für Indien entzieht (siehe Statement vom …). Das bedeutet eine komplett neue Situation für den Standort und erfordert dringend eine veränderte Strategie.
Wir laden Sie zur aussergewöhnlichen VR-Sitzung und Strategiediskussion ein: Donnerstag, …, 9.30 Uhr in Zürich. Wir rechnen mit rund vier Stunden. Zum Einlesen erhalten Sie die drei aktuellsten Dokumente zur Lage in Indien.

Ich bitte Sie um eine Bestätigung Ihrer Teilnahme und danke Ihnen im Namen von Herrn Urs Muster herzlich für Ihren Einsatz.

Freundliche Grüsse

Name

IN

Aktiv oder passiv? Der erste Satz steht im Passiv. Diese Form ist in Ordnung, wenn der Inhalt im Moment wichtiger erscheint als die Menschen.
Die Anrede der Verwaltungsräte ist verschieden möglich. Achten Sie auf Unternehmenskulturen und ungeschriebene Gesetze.

OUT

Starts mit «Wie Sie wissen, …» oder «Aufgrund des Statements von … laden wir Sie zu einer ausserordentlichen Sitzung ein.»
Der Appell: «Bitte notieren Sie sich …».
Daten: Nicht mehr so: 04.05.10.
Besser: 4.5.10 oder ausschreiben: 4. Mai 2010.

| KAPITEL 2 | Top-Themen | Interne und externe Termine anfragen, ankündigen, bestätigen, absagen |

Ein Mitarbeiter bestätigt nach einer Terminumfrage eine Sitzung an drei Personen.

Mikro-Wording

Abteilungsorganisation: Termin steht!

Liebe Ursina
Lieber Martin
Lieber Urs

Eine lange Terminrunde mit positivem Resultat: Wir treffen uns am Mittwoch, …, um 16.15 Uhr in meinem Büro in Olten (siehe PDF).

Tschüss

Name

IN

Auch wenn das Thema allen bekannt ist, ist ein Hinweis zum Inhalt immer gut. Erwähnen Sie noch einmal, was besprochen werden soll. Menschen vergessen schnell und sind immer wieder mit Neuem beschäftigt. In Deutschland ist das «Hallo» genauso akzeptiert wie das «Tschüss» am Schluss – auch in der Sie-Form. «Tschüss» sagen wir auch hierzulande, es passt zum Mikro-Wording.

OUT

«Hallo zusammen!» Wenn schon «Hallo» alleine und nur auf der Du-Ebene. Viele – besonders in der Schweiz – empfinden «Hallo Frau Meier» als eine unangenehme Mischform zwischen Du und Sie.

Ein Sekretariat sagt ein Seminar ab und informiert die Teilnehmenden.

Briefing

Programmschulung: Seminarabsage

Liebe Teilnehmerin, lieber Teilnehmer

Den Workshop müssen wir absagen, weil wir auf ein neues PC-Programm umsteigen und die Schulungen damit neu konzipiert werden. Im Spätsommer sollen dann alle Mitarbeiterinnen und Mitarbeiter eine Einführung für … bekommen. Sie erhalten in ein paar Wochen eine neue Einladung.

Ich wünsche Ihnen einen schönen Tag.

Name

KAPITEL 2 | Top-Themen | Interne und externe Termine anfragen, ankündigen, bestätigen, absagen

Briefing

Kursabsage «Japanische Kochkunst» vom 5.7. / 12.7. / 19. 7. …

Guten Morgen

Der dreiteilige Kurs «Japanische Kochkunst» muss von Juli …
auf den Herbst verschoben werden. Die neuen Sonntagabend-Daten:
6. / 13. und 20. September. Passen die neuen Termine? Wir hoffen es und
freuen uns auf Ihre Bestätigung.

Freundliche Grüsse

Name

IN

Im ersten Beispiel lesen Sie eine Begründung. Die Situation und Sie entscheiden, wie viel Begründung notwendig ist. Grundregel: Wenn wir begründen, dann mit einer echten Nachricht. Bevor Sie schreiben «aus organisatorischen Gründen», lassen Sie den «Grund» besser weg.

OUT

Leider müssen wir Ihnen mitteilen, dass … .
Wir bitten Sie um Verständnis.

KAPITEL 2 | **Top-Themen** | Interne und externe Termine anfragen, ankündigen, bestätigen, absagen

Eine Mitarbeiterin sagt zum zweiten Mal einen Termin mit einem externen Berater ab. Die Situation ist ihr unangenehm.

Briefing

Qualitätssicherung: Terminabsage

Sehr geehrter Herr Huber

Die schwierigen Umstände im Qualitätsmanagement veranlassen uns, das erste Meeting erneut abzusagen. Wir verstehen, wenn diese zweite Absage nach der langen Terminsuche ärgerlich ist für Sie. Wir bitten Sie um Entschuldigung.
Wie geht es weiter? Sobald die Situation geklärt ist, melde ich mich wieder bei Ihnen. Heute gehe ich davon aus, dass ich im August mehr weiss. Auf jeden Fall bleibe ich mit Ihnen in Kontakt und halte Sie auf dem Laufenden. Unsere Qualitätssicherung braucht Ihren Beitrag.

Freundliche Grüsse

Name

IN

Souverän ist eine offene Äusserung, die das (mögliche) Befinden des Gesprächspartners abholt: «Wir wissen/sind uns bewusst, dass diese Nachricht unangenehm ist für Sie.» / «Für Sie und für uns ist diese Situation unangenehm.»
Bei Absagen oder «Warmhalte-Nachrichten» ist eine Lösung meistens wichtiger als lange Begründungen. Eine Begründung – am besten mit einem Gespräch – ist angebracht, wenn jemand bereits längere Zeit involviert ist und es plötzlich zu Absagen oder Umstellungen kommt. Hier ist das E-Mail oft ungeeignet.

OUT

Leider müssen wir diesen Termin erneut absagen, weil … .
Konjunktiv: Wir würden uns freuen, Sie trotzdem wieder anfragen zu dürfen. Für uns und die … wäre Ihr Beitrag wichtig.

Top-Themen

Interne und externe Termine anfragen, ankündigen, bestätigen, absagen.

Top-Tipp

Höflichkeit

Das Mass entscheidet über die Glaubwürdigkeit. Steigerungen wie «ganz» oder «sehr» sparsam verwenden. Entschuldigen Sie sich nicht «in aller Form» oder schreiben Sie «selbstverständlich» informieren wir Sie über den Ablauf. Schlicht bleiben bewährt sich, und ohne Floskeln schreiben bedeutet nicht den Verzicht auf freundliche Grundhaltung.

Akademische Titel

Diese sollten Sie in der Anrede verwenden. So lange, bis Sie Ihr Gegenüber besser kennen oder ein anderes Signal erhalten. Üblich ist zum Beispiel: Sehr geehrte Frau Dr. Huber / Sehr geehrter Herr Prof. Meier.

Vollständigkeit

Beenden Sie Ihre E-Mails erst, wenn Sie sicher sind, dass der Empfänger alles weiss. Schreiben Sie mit einem Perspektivenwechsel. So sorgen Sie für ein gutes E-Mail-Management, das Zeit spart und nicht Zeit raubt.

Stil

Oft sind es Feinheiten, die entscheiden: «Genügen diese Informationen?» ist anders als «Sind diese Hinweise ausreichend für Sie?» «In Ihrem Fall ist keine Ausnahme möglich», klingt weniger schön als «Ausnahmen sind nicht möglich, weil…».

Top-Themen

Offerten und Texte für Unternehmen, die nach einer Dienstleistung fragen

Eine neue Kundin verlangt in einem Telefongespräch eine schriftliche Offerte mit genauen Angaben. Das Unternehmen sendet das Angebot per E-Mail.

Briefing/Brief

Verpackung «Flex» – unser Angebot

Sehr geehrte Frau Meier

Im heutigen Telefongespräch haben wir über die Möglichkeiten von «Flex» gesprochen. Für Ihre Zeit und die Informationen danke ich Ihnen. Das PDF-Dokument zeigt Ihnen alle Details, die für die Verpackung Ihres Produktes wichtig sind, zum Beispiel …. Ausserdem erfahren Sie einiges über unsere Produktionsstellen in der Schweiz und in Deutschland.

Gerne führen wir diesen Auftrag für Sie aus. Ich freue mich auf Ihren Bescheid und grüsse Sie aus Basel.

Name

Fragen? Am Mittwoch und Freitag erreichen Sie mich am besten über das Handy (+41 79 …).

IN

Schlicht und kurz schreiben. Anstelle von «Anfrage» für ein Gespräch danken, wenn eines stattgefunden hat; der Start wirkt dialogischer. Ansonsten danken wir für ein E-Mail, einen Fax oder eine Karte. In einem Angebot ist es auch möglich, die Details als Auflistung in den Mittelteil des Textes zu nehmen.

OUT

Der typische Start ist bekannt: «Ihre Anfrage bezüglich Verpackung können wir wie folgt offerieren/unterbreiten.» Zu oft «können», «würde». Zu viele Adjektive wie «kompetent», «termingerecht», «einwandfrei». Die Begriffe sind abgedroschen und geben dem Angebot keinen Schwung. Ein Klassiker ist auch das: «Im Anhang finden Sie unser Angebot.»

| KAPITEL 2 | **Top-Themen** | Offerten und Texte für Unternehmen, die nach einer Dienstleistung fragen |

Ein Unternehmen informiert verschiedene Personen per E-Mail und Brief über eine Dienstleistung.

Briefing

Drucken in Nullkommanichts – das geht bei uns.

Beginnen wir mit den Vorteilen:
- Sie mailen uns Ihr Dokument, wir drucken oder kopieren am gleichen Tag.
- Unser Kurier bringt die Drucksache zu Ihnen.
- Auf jeden zweiten Auftrag schenken wir Ihnen 10 Prozent Rabatt.
- Unsere Mitarbeiter sind Fachleute und beraten Sie richtig.

Und fahren mit einem Preisbeispiel fort:
(Papierqualität, Lieferart [gebunden, lose, geheftet usw.], Preis)

Liebe Unternehmerin, lieber Unternehmer, wir sind die Partner, wenn es um Ihre Drucksachen geht. Hier die Kontaktmöglichkeiten (Telefon, E-Mail und/oder Fax, Ansprechpartner).

Name

IN

Ein gutes Angebot nennt Beispiele und macht konkrete Angaben. Wer eine gute Kurzgeschichte erzählt, wird eher gelesen und beachtet. Arbeiten Sie mit Beispielen, sie ermöglichen Unterscheidbarkeit im Markt und machen Sie sichtbar.

OUT

Bei einem Angebot zu viel und nicht Relevantes schreiben. Adjektive erzählen keine Geschichte, nicht über das Produkt, nicht über das Unternehmen.

KAPITEL 2 — **Top-Themen** — Offerten und Texte für Unternehmen, die nach einer Dienstleistung fragen

Ein Assistent der Geschäftsleitung offeriert einem Interessenten eine neue Dienstleistung.

Brief/Briefing

Mausklickberatung – der E-Mail-Coach

Guten Tag Herr Kocher

Vielen Dank für Ihren Besuch auf unserer Webseite und Ihren Anruf heute Vormittag. Die Mausklickberatung bieten wir als Pilotprojekt seit drei Monaten an – der Erfolg lässt sich sehen. Bereits über 30 Unternehmer konsultieren unsere E-Mail-Coachs – für Aktuelles, für Impulse, konkretes Fachwissen oder für längerfristige Themen.

Wir bieten Ihnen ein Startabo an. Sie füllen das «Profil» mit Ihrem Anliegen aus, ein Coach meldet sich bei Ihnen. Das Probe-Coaching dauert einen Monat. Ihre Investition: CHF 350.– (siehe auch Tarifliste).

Unsere neue Dienstleistung bietet für alle Vorteile: kein Reiseaufwand, keine langen Terminabsprachen. Wenn Sie ein Gespräch wünschen – Frau Erika Muster betreut das Projekt (Telefonnummer/E-Mail).

Freundliche Grüsse

Name

IN

(«siehe auch Tarifliste»). Klammerhinweise sind kurz, nützlich, platzsparend und sprachlich einfach. Am Schluss einer Offerte eher mit offenen Fragen arbeiten, sie regen an: «Was sagen Sie zu unserer neuen Lösung?» Angebote im Präsens schreiben. Die Gegenwart dient dem Hier und Jetzt und ermöglicht den Blick in die Zukunft.

OUT

Gerne unterbreiten wir Ihnen unser neuestes Produkt.
Die Details entnehmen Sie dem Anhang.
Vergangenheitsform: Konnten wir Sie überzeugen?

KAPITEL 2 | **Top-Themen** | Offerten und Texte für Unternehmen, die nach einer Dienstleistung fragen

Eine Assistentin antwortet auf ein Kundenmail und schreibt einen kurzen Begleittext.

Mirko-Wording

Angebot für Webseitengestaltung

Guten Morgen Frau Huber

Im Worddokument ist alles Wichtige aufgeführt, auch die Layoutvorschläge, die Ihnen besonders wichtig sind.

Bis bald – ich freue mich auf das Gespräch mit Ihnen.

Name

IN

Wenn ein Anhang erwähnt wird, ist es ratsam, ganz kurz auf dessen Inhalt einzugehen oder etwas zu erwähnen, was im Kundenmail als wichtig bezeichnet worden ist. So gelingt auch im Mikro-Wording Nähe und Individualität. Wagen Sie frische Selbstkundgabe: «Was freut mich? Ihr Auftrag!»

OUT

Gemäss Ihrem Mail vom … können wir Ihnen Folgendes anbieten.
Besten Dank für Ihr Mail vom … .
Wir stehen Ihnen für weitere Auskünfte gerne zur Verfügung.
Haben Sie noch Fragen? Unser Herr … gibt Ihnen gerne Auskunft.

| KAPITEL 2 | **Top-Themen** | Offerten und Texte für Unternehmen, die nach einer Dienstleistung fragen |

Ein Unternehmen möchte einen Workshop durchführen und formuliert eine allgemeine Anfrage (Angebot, Dauer, Trainer, Preis, Ort).

Briefing/Brief

Anfrage für Workshop

Guten Tag/Sehr geehrte Dame, sehr geehrter Herr/
Sehr geehrte Frau Meier

In Europa sind wir führend in der Herstellung und im Verkauf von Küchenmaschinen für Restaurants und Hotels. Wir legen grossen Wert auf die Entwicklung unserer Mitarbeiter. Bei einer internen Umfrage zeigte sich ein Interesse für Gesprächsführung und Verhandlungsgeschick.
Im Internet sind wir auf Ihr Unternehmen aufmerksam geworden und erwarten gerne Ihr E-Mail-Angebot für einen zweitägigen Workshop bei uns in Zürich zu diesen Themen: …

Wenn uns Ihr Angebot überzeugt, kontaktieren wir Sie für die Detailplanung.

Vielen Dank für Ihre Offerte und freundliche Grüsse

Name

IN
Klare Information über Wünsche und das weitere Vorgehen. Die persönliche Anrede – wenn möglich – wirkt für den Empfänger sympathischer und ermöglicht meistens mehr Verbindlichkeit oder Offenheit.

OUT
Oberflächlich schreiben und keine Informationen preisgeben.

KAPITEL 2 | Top-Themen | Offerten und Texte für Unternehmen, die nach einer Dienstleistung fragen

Das Unternehmen antwortet auf die E-Mail-Anfrage.

Brief/Briefing

Gesprächsführung und Verhandlungsgeschick: Die Varianten

Sehr geehrte Frau Huber

In Ihrem Mail vom … bitten Sie uns um ein zweitägiges Programm zu den Themen Gespräche und Verhandlung. Ich danke Ihnen für Ihren Kontakt. Wir stellen Ihnen zwei Varianten für die Durchführung vor, damit Sie erfahren, wie wir arbeiten und Menschen auf ihre Aufgaben vorbereiten oder trainieren.

(Varianten 1/2 mit allen Details auflisten.)

Ihre Investition für zwei Tage inkl. Vorbereitung, Dokumentation und Spesen: CHF 5 500.–.

Nun wünsche ich Ihnen einen schönen Donnerstag und freue mich auf Ihre Nachricht – bis bald.

Freundliche Grüsse

Name

PS: Hier meine Telefonnummern: ….

IN

Im Einstieg das Kundenanliegen im Präsens kurz wiederholen und dann gleich mit der Botschaft weiterfahren. Bei eher ungenauen Anfragen lohnt es sich, verschiedene Möglichkeiten – nicht zu detailliert und nicht zu viele Varianten – aufzuzeigen. Das gibt den Kunden mehr (Denk-)Spielraum.

OUT

Besten Dank für Ihre Anfrage und Ihr Interesse an unserem Produkt. Mit uns treffen Sie eine gute Wahl.
Wir sind überzeugt, Ihnen ein attraktives Angebot unterbreiten zu können.

| KAPITEL 2 | Top-Themen | Offerten und Texte für Unternehmen, die nach einer Dienstleistung fragen |

Ein Mitarbeiter beantwortet für seine Vorgesetzte ein Mail und offeriert eine Leistung.

Briefing/Brief

Küchenbau: Das Angebot (Nr. 334X)

Grüezi Frau Meier

Vielen Dank für Ihr Mail an Frau Ines Huber, Verkaufsleiterin Deutschschweiz. Gerne überreichen wir Ihnen unser Angebot.

Offerte
…

Im Team von Frau Ines Huber bin ich für die Offerten zuständig und Ihr Ansprechpartner. Ich freue mich auf Ihre Antwort und nehme gerne Ihre Fragen auf.

Freundliche Grüsse

Name

IN

Begriffe wie «verantwortlich», «zuständig», «Ansprechpartner» stärken Mitarbeitende angemessen und sind professionell. Klar ansprechen, wie die Situation aussieht und wer antwortet, damit die Kundin Bescheid weiss. Das Wort «überreichen» ist visuell und eine lebendige Alternative zu «senden», «mailen», «zustellen».

OUT

Die Landesmuseum-Version «i.A.» in der Unterschrift. «Im Auftrag von…» ist nicht unmöglich, aber es klingt konservativ. «… überlassen wir Ihnen unser Angebot.»

Top-Tipp

Chaos

Lesende sind nicht zu beneiden. Sie sind oft inhaltlichem Wirrwarr ausgesetzt und verstehen nur Bahnhof. Und bevor sie sich durch die Zeilen kämpfen, rufen sie an oder warten ab. Beides führt in Unternehmen zu Zeitverlust. Was hilft: Zwischentitel setzen, Informationen bündeln und immer nach dem Prinzip «Das Wichtigste zuerst» vorgehen. Zu viele Schriften oder Gestaltungselemente verursachen auch Chaos. Weniger ist mehr, auch in der Gestaltung.

Länge

So lang wie nötig, so kurz wie möglich. Wenn Sie lang werden, schreiben Sie zu Ende, drucken den Text aus und überarbeiten ihn von unten nach oben. Beim umgekehrten Lesen sind Wiederholungen oder Füllwörter besser erkennbar. Tipp: Läuft Ihr Text auf zwei Seiten, beenden Sie den letzten Satz erst auf der zweiten Seite. Möglich ist auch, das letzte Wort einer Seite zu trennen. So blättern Ihre Leser automatisch um.

Qualität

Eine Information ist relevant, wenn sie ein Verstehen fördert, eine Handlung ermöglicht und/oder die Beziehung pflegt. Ein Text, der nichts von dem erzeugt, ist wertlos. Jedes Wort hat einen Auftrag, auf der Nachrichten- oder auf der Beziehungsebene.

Rechnungen an Kunden

In der Rechnung werden Dialog und Zahlen verbunden.

Brief

Finanzberatung

Sehr geehrter Herr Meier

Ihr Vertrauen in unsere Kompetenz schätzen wir und danken für Ihren Auftrag.

Beratung
Vom ... bis ...
Leistung: ...
Honorar: CHF ...
Termin: Innert 30 Tagen

Wir sind gerne für Sie tätig und grüssen Sie freundlich.

Name

IN

Auf gleicher Augenhöhe denken und schreiben. Zu Beginn für die Beziehung, den Auftrag danken. Mittelteil mit der Rechnung gestalten. Abschluss mit einer Wir- oder Ich-Aussage: «Gerne sind wir für Sie tätig.»

OUT

Barocke Formulierungen wie «Gerne stellen wir Ihnen die geleisteten Arbeiten in Rechnung.» «Gerne» und «verrechnen» zusammenbringen. Füllwörter wie «geleisteten» oder «entsprechend Rechnung stellen». Konjunktiv «würde», «wäre». Unnötige Appelle: «Bitte überweisen Sie die Summe mit beiliegendem Einzahlungsschein auf unser Konto ... bei der Bank ...»

KAPITEL 2

Top-Themen

Rechnungen an Kunden

Ein Unternehmen schickt die Rechnung und schreibt ein paar Zeilen im Begleitbrief/Mail.

Briefing

Büromaterial für … in Baden

Guten Tag Herr Muster

Wir erledigen Ihren Papierkram mit Freude – herzlichen Dank für Ihren Auftrag.

Als Dankeschön erhalten Sie beim nächsten Auftrag 15 Prozent Rabatt.

Freundliche Grüsse und bis zum nächsten Mal!

Name

– Rechnung Nr. …

IN

Rabatt ist etwas Positives, also verbinden wir ihn mit guten Worten: «schenken», «profitieren», «erhalten». Den Gruss mit der Zukunft verbinden schafft Nähe und signalisiert ein In-Kontakt-Bleiben.

OUT

«Gemäss Ihrer Bestellung vom … erhalten Sie beiliegend/beigefügt/als Attachement unsere Rechnung.» Wendungen mit unschönem oder bürokratischem Sound: «Wir gewähren Ihnen 15 Prozent Rabatt.»

KAPITEL 2 — Top-Themen — Rechnungen an Kunden

Top-Tipp

Beilagen

Wir lassen sie nicht weg, aber wir verzichten auf den Begriff «Beilagen» am Ende des Briefes. Gleiches gilt für Attachement im E-Mail oder im Anhang. Im E-Mail geht es so: «Das Dokument informiert über die Änderungen (siehe PDF).»

Fremdwörter

Wir jobben, googeln, vermitteln Basics, sehen uns in Meetings, haben Dates, Blackouts, checken Mails, forwarden dieselben und downloaden Dateien, sprechen von Burnout und erholen uns vom Business im Wellness. Nehmen wir es easy und setzen englische Wörter da ein, wo sie hingehören. Zum Beispiel in ein internationales Unternehmen, nicht aber in eine Gemeindeverwaltung. Englische Begriffe und Fremdwörter sind angemessen eingesetzt okay – oder eben in Ordnung.

Komma und/oder Ausrufezeichen nach der Anrede

Die Deutschen setzen ein Komma, die Österreicher auch, wir nicht. Warum eigentlich verzichten wir darauf? Das Komma signalisiert, dass es gleich weitergeht – eine schöne Überlegung. Wenn es Ihnen gefällt, setzen Sie es wieder ein und schreiben Sie das erste Wort klein. Das Ausrufezeichen nach der Anrede bitte sehr sparsam einsetzen – es wirkt schnell appellativ oder laut. Nur bei positiven Nachrichten ein Ausrufezeichen setzen.

Beilagen

Wir lassen sie nicht weg, aber wir verzichten auf den Begriff «Beilagen» am Ende des Briefes. Gleiches gilt für Attachement im E-Mail oder im Anhang. Im E-Mail geht es so: «Das Dokument informiert über die Änderungen (siehe PDF).»

Mit freundlichen Grüssen

Es ist nicht falsch, aber alt. Es gibt heute schönere Formen als «mit freundlichen Grüssen». Zudem hat das Wörtchen «mit» keinen Auftrag mehr, weil es wirklich nur noch sehr selten heisst «Wir verbleiben mit freundlichen Grüssen». Wenn Sie auf «mit» bestehen, dann schreiben Sie doch «Wir verweilen mit freundlichen Grüssen». Klingt sinnlicher als verbleiben …

KAPITEL 2 Top-Themen

Mahntexte

Eine Zahlungserinnerung mit persönlicher Anrede.

Mikro-Wording

Erinnerung

Guten Tag, sehr geehrte Frau Meier

Ihre letzte Energierechnung ist noch offen. Bitte überweisen Sie den Betrag von CHF … bis 9. Juli / in den nächsten Tagen / in den nächsten zehn Tagen.

(Übersicht mit den Details …)

Wir wünschen Ihnen einen schönen Tag und grüssen Sie freundlich.

Name/Namen

PS: Bei der zweiten Mahnung kommen Spesen von CHF … hinzu. Sparen Sie dieses Geld. /Wir möchten auf Mahnspesen verzichten. Bitte überweisen Sie die Summe bis … .

IN
Schlicht und einfach bleiben. Mahnungen grundsätzlich als Feststellung und nicht als (versteckte) Vorwürfe formulieren. Die Nachricht wird dadurch ruhiger. Die Anrede erweitern. Das geht auch mit «Guten Tag, sehr geehrte Kundin, sehr geehrter Kunde».

OUT
Dramatische und passive Sätze: Der Betrag wurde noch nicht überwiesen./Es konnte festgestellt werden, dass die Summe von CHF … noch immer ausstehend ist./Bei der Durchsicht unserer Buchhaltung haben wir festgestellt, dass … .
Verlegenheitsformulierungen: Sollte sich Ihre Zahlung mit unserer Mahnung gekreuzt haben, so ist dieses Schreiben gegenstandslos.
Bewertungen mit «leider»: Leider haben Sie es bis heute unterlassen, den fälligen Betrag pünktlich zu überweisen.

KAPITEL 2 | **Top-Themen** | Mahntexte

Das Unternehmen sendet die zweite Mahnung.

Briefing

Zweite Erinnerung

Guten Tag Frau Meier

Am … erinnerten wir Sie an die offenen Beträge. Bis heute ist keine Zahlung oder Nachricht von Ihnen eingetroffen. Wenn Schwierigkeiten bestehen, bitten wir Sie, uns so schnell wie möglich zu kontaktieren, damit wir eine Lösung finden.

(Übersicht mit Details …)

Wir danken Ihnen für die rasche Erledigung oder Ihren Anruf.

Freundliche Grüsse

Name/Namen

PS: Sie haben bereits bezahlt? Dann ist alles in Ordnung.

IN

In der zweiten Erinnerung Kunden die Möglichkeit geben, Zahlungsschwierigkeiten zu nennen und Kontakt aufzunehmen. Aus Inkasso-Untersuchungen ist bekannt, dass mit diesem Angebot oft gute Lösungen gefunden werden und die Kundenbindung gestärkt wird. In der ersten Mahnung ist dieses Angebot noch zu früh, denn erste Zahlungserinnerungen werden gerne weggelegt. In ist zudem eine klare, nüchterne Information, die auf der Sachebene bleibt. Bei heiklen oder unangenehmen Nachrichten ist die persönliche Ansprache besser.

OUT

Menschen erziehen wollen: «Sollten Sie den Betrag bis … nicht überwiesen haben, sehen wir uns gezwungen, den Rechtsweg einzuschlagen.» Anrede und Gruss weglassen ist ebenfalls wenig souverän, wirkt säuerlich. Passé ist auch dieser Satz: «Die aufgelistete Rechnung ist mit dem beiliegenden Einzahlungsschein innert zehn Tagen zu begleichen, ansonsten müssen wir das Inkasso einleiten.»

Top-Themen — Mahntexte

Dritte Mahnung mit Betreibungsandrohung und persönlicher Ansprache.

Briefing

Es ist fünf vor zwölf – allerhöchste Zeit.

Guten Tag Frau Meier

Für kleinere Verzögerungen haben wir Verständnis und auch für Kunden, die das Gespräch mit uns suchen.
Woran liegt es, dass unsere Erinnerungen erfolglos bleiben? Ohne Ihre Zahlung bis … müssen wir die Betreibung einleiten/überlegen wir uns rechtliche Schritte, eine unangenehme Massnahme.

Unser Appell – reagieren Sie schnell.

Wir danken Ihnen und grüssen Sie.

Name/Namen

IN

Kunden auf Konsequenzen aufmerksam machen: «Mit Ihrer Zahlung sichern Sie … / ist der Schutz für … gewährleistet.» / «Gehen Sie bitte keine Risiken ein, es lohnt sich nicht.» Wenn Ihre bisherige Mahnstrategie nicht zum Erfolg führt, dürfen Sie ruhig das Wording aufpeppen, wie es zum Beispiel eine Autoleasing-Organisation macht: «In zwei Wochen gehen Sie zu Fuss…» Für mehr Aufmerksamkeit ist es geschickt, Leser mässig zu strapazieren – sie lesen eher.

OUT

Nur mit geschlossenen Fragen arbeiten: «Haben Sie uns vergessen?» Die Frage ist gut, jedoch nur mit ja oder nein zu beantworten.

KAPITEL 2 | **Top-Themen** | Mahntexte

Ein Unternehmen nutzt die Zahlungserinnerung für Imagearbeit.

Briefing

Boxenstopp für unsere Rechnung

Unliebsames lassen wir links liegen, und Rechnungen haben sowieso selten Priorität. Bitte schenken Sie unserer Erinnerung dennoch ein paar Minuten Zeit und überweisen Sie den Betrag von CHF … beim nächsten Halt im E-Banking, bei Ihrer Bank oder Post.

Liebe Frau Meier, wir danken Ihnen und grüssen Sie aus Basel.

Name/Namen

IN

Etwas Humor im Alltag. Die Anrede lässt sich auch mit dem letzten Satz verbinden; die Aufmerksamkeit ist grösser. Überlegen Sie, welche Worte oder Sinnbilder zu Ihrem Unternehmen passen und wie sich Ihr Image im Markt mit einer unangenehmen Nachricht verbinden lässt. Typologisches Schreiben ist anspruchsvoll und braucht viel Fingerspitzengefühl. Sie gehen ein Risiko ein und wagen eine Chance: Ablehnung bei den Kunden – oder ein Schmunzeln.

OUT

Die pure Ernsthaftigkeit und Lustlosigkeit. Texte mit dem Charme eines Schleifpapiers.

Ein Unternehmen kündigt auf eine etwas andere Art und Weise die Betreibung an. In der Anrede wird ein Paar angesprochen.

Mikro-Wording, Briefing

Bald wird's richtig teuer...

...und zwar nach Ablauf dieser letzten Zahlungsfrist. Sehr geehrte Frau Meier, sehr geehrter Herr Huber, sparen Sie sich Mahn- oder gar Betreibungskosten , Ärger und Aufwand.
Bis spätestens ... erwarten wir Ihre Überweisung.

Wir grüssen Sie freundlich.

Namen

IN

Auch wenn es Kunden gibt, die nie zahlen, schreiben Sie am besten mit diesem Grundsatz: Wenn das, was ich tue, nicht funktioniert, dann tue ich eben etwas anderes. Erweitern Sie Ihre Interventionsstrategien. Diese Überlegung macht Mahntexte neu und anders.

OUT

Die Überlegung, dass Mahntexte immer gleich klingen müssen. Die Befürchtung, dass es immer am Text liegt, wenn Kunden etwas nicht tun oder versäumen. Viele Menschen reagieren einfach achtlos auf Aufforderungen.

Top-Tipp

Bewertung

Unterschwellig eingesetzt ist sie ein Problem für die Kommunikation. «Leider» und «bedauern» gehören nicht auf die Sachebene: «Leider ist es in unserem System nicht möglich, Doppelnamen zu erfassen.» Feststellungen sind besser: «In unserem System ist es nicht möglich, Doppelnamen zu erfassen.»

Drohen und erziehen

Beides hilft der Kommunikation nichts. Sätze wie «Wenn Sie nicht …, dann sehen wir uns gezwungen, …», «Sollten Sie …, dann werden wir …» gehören entsorgt. Mehr feststellen, weniger bewerten ist viel entspannter und klarer. Sagen Sie ohne Drohung, was Sie tun werden: «Ohne Ihre Zahlung leiten wir die Betreibung ein/überlegen wir rechtliche Schritte.»

Der Schlusssatz: Anliegen verstärken, keine Übertreibungen

Gerne beantworten wir Ihre Fragen – rufen Sie uns einfach an.
Unaufgeregt: Sie erreichen mich per Mail von Montag bis Freitag von 9.00 bis 15.30 Uhr./Herr Roman Muster ist Ihr Ansprechpartner (+41 …).

KAPITEL 2   Top-Themen

Einladungen intern und extern

Eine Ausbildungsabteilung lädt Mitarbeitende zu einem Workshop ein.

Briefing/Brief

Betreff: Briefe von gestern, heute und morgen

Wir nehmen Bezug auf unser Intranetkursprogramm, in welchem Sie sich kürzlich für die Schulung «Briefe von gestern, heute und morgen» angemeldet haben. Besten Dank.
Es freut uns, Ihnen das Schulungsdatum wie folgt bestätigen zu können:
…

Liebe Frau Meier

Schreibt man noch «Betreff» und welche Anrede ist die richtige?
Wenn Sie diesen Einladungstext anders formulieren und viele neue Ideen für Ihre Briefe und E-Mails gewinnen möchten, sind Sie goldrichtig im Seminar «Briefe von gestern, heute und morgen». Der Workshop beginnt am … um 8.30 Uhr und dauert bis 17.30 Uhr. Ihre Workshopleiterin heisst … und begrüsst Sie im Raum Rondo.

Was wünsche ich Ihnen? Einen tollen Tag!
Name

Übrigens: Die Details zum Programm lesen/erfahren Sie im Intranet unter «Weiterbildung».

IN

Verbinden Sie das Thema mit der passenden Sprache. Denken Sie darüber nach, wie Sie die Botschaft reizvoller, stimmiger gestalten können. In diesem Beispiel sind es alte Floskeln, welche die Notwendigkeit für einen Workshop verstärken sollen. Alle wissen: Hier braucht es gute Alternativen!

OUT

Starts wie «Wir freuen uns über Ihre Anmeldung…» sind nicht falsch, aber etwas langweilig. Landungen wie «Wir wünschen Ihnen einen lehrreichen Kurs» sind nicht falsch, aber kollektiv und staubtrocken.

| KAPITEL 2 | **Top-Themen** | Einladungen intern und extern |

Eine Weiterbildung wird intern per Mail bestätigt.

Mikro-Wording

You are welcome

Liebe Teilnehmerin, lieber Teilnehmer

Ihre Anmeldung für «Business English today» ist bestätigt.

Start	Montag, …
Zeit	16.15 bis 18.15 Uhr
Ort	Thinktank 3, 2. Stock
Referent	…
Teilnehmende	siehe Worddatei

Viel Spass!

Name

IN
Besonders im E-Mail auf Kürze und viel Übersicht achten. Sprachlich einfach und optisch übersichtlich sind Aufzählungen.

OUT
Wir streichen «im Anhang» oder «Attachement». Und unschön ist diese Wendung im Perfekt: «Schön, dass Sie sich entschieden haben, am … teilzunehmen.»

Eine interne Ausbildung informiert über Details eines Workshops (Brief oder Mail). Die Anrede ist persönlich.

Brief/Briefing

Mit Schwung ins neue Leben

Liebe Frau Huber

Herzlich willkommen im Workshop «Mit Schwung ins neue Leben» und vielen Dank für Ihre Anmeldung.
Ihr Kurs beginnt am Mittwoch, …, und dauert bis Freitag, … .

Die Details
Ihr Referent	…
Ihr Programm mit Seminarort	…
Ihr Mittagessen	…
Die Teilnehmenden	…

Im Seminar erhalten Sie eine Dokumentation sowie ein Buch zum Thema. Ich wünsche Ihnen wertvolle Impulse und ein kurzweiliges Seminar. Von Montag bis Mittwoch bin ich für Sie via E-Mail oder Telefon erreichbar (Adresse, Nummern).

Freundliche Grüsse
Name

PS: Das Seminar ist beliebt, die Warteliste lang. Bitte informieren Sie mich möglichst frühzeitig, wenn Sie sich abmelden müssen.

IN

Hier ist das Präsens besser: «Sie entscheiden sich für das Seminar. Ihre Anmeldung freut uns, herzlichen Dank.» Appelle als Nachricht senden: «Abmeldungen nehmen wir bis … entgegen/berücksichtigen wir bis eine Woche vor Seminarbeginn.» Oder nutzen Sie das PS für den Abmeldehinweis.

OUT

Worte wie «Anlass», «Veranstaltung», «Kurs». Sie sind einfach nur korrekt.

Top-Themen — Einladungen intern und extern

Ein Unternehmen lädt ausgewählte Gäste zu einer Jubiläumsfeier ein.

Brief/Briefing

Ein Geburtstag – eine Feier

Sehr geehrte Dame, sehr geehrter Herr

Wir sind 20 und feiern ein Fest, an dem Sie nicht fehlen dürfen.

Bitte reservieren Sie dieses Datum: Freitag, …, ab 17.00 Uhr im «Werkplatz» Konstanz. Alle Informationen zum Fest gibt Ihnen der Flyer. Ein Höhepunkt vorweg: Clownin … zeigt einen Ausschnitt aus ihrem neuesten Programm.

Sehen wir uns? Gerne erwarten wir Ihre Anmeldung (siehe Talon) bis … .

Bis bald am See und herzliche Grüsse

Name

IN

Möglich sind verschiedene Anredeformen: Lieber Gast/Sehr geehrte Frau Meier/Liebe Gründerin, lieber Gründer usw. – Hauptsache Singular. Wenn Sie auf ein Programm hinweisen, ist ein Beispiel meistens besser und anschaulicher als ein Adjektiv wie «interessant», «spannend».

OUT

Sätze wie: «Aus organisatorischen Gründen bitten wir Sie um Ihre Anmeldung bis …» oder Bandwurmsätze: «Wir freuen uns, Sie zu einer kleinen Feier des 20-jährigen Bestehens des ‹Werkplatzes› am Freitag, …, von 17.00 bis 21.00 Uhr einzuladen.»

Top-Themen — Einladungen intern und extern

Eine Unternehmerin lädt drei interne Personen und eine externe Beraterin zu einem Essen ein. Der Grund ist ein erfolgreich abgeschlossenes Projekt.

Brief

Die neue Produktion läuft!
Einladung

Liebe Martina, lieber Urs, lieber Walter, lieber Karl

Seit Montagnacht läuft und funktioniert die neue Produktion in Bern. Ich danke Dir im Namen der gesamten Druck GmbH für diesen Einsatz. Nun gönnen wir uns eine Pause und würdigen diesen Erfolg.

Einladung zum ausgedehnten Mittagessen:
Feinkost Gourmet & Co., Bahnhofstrasse 4, 3000 Bern
Freitag, … , 12.30 Uhr (bitte Hunger und Zeit mitbringen).

Ich freue mich, wenn unser besonderer Mittagstisch komplett ist, und danke Dir für eine kurze Bestätigung.

Auf bald und vielen Dank für alles.

Name

IN

In der Anrede alle Personen nennen. Möglich ist auch diese Form: «Liebe Martina, hoi Urs, Walter und Karl». Oder so: «Hoi Martina, Urs, Walter, Karl» oder so: «Für Martina, Karl, Urs, Walter». Plural und Singular mischen (siehe Schlusssatz): «Ich freue mich, wenn alle dabei sein können, und danke Dir für eine kurze Bestätigung.»

OUT

Der Konjunktiv «es würde mich freuen». Oder der Schlusssatz: «Ich freue mich auf ein vollzähliges Erscheinen.» Menschen erscheinen in der Regel vollzählig und vollständig.

| KAPITEL 2 | Top-Themen | Einladungen intern und extern |

Top-Tipp

Namen — Namen ausschreiben und intern vereinbaren, ob «Herr»/«Frau» dazugehört. Doppelnamen sollten in der Adresse erwähnt werden. In der Anrede reicht meistens der erste Name, ausser Ihr Gegenüber verlangt beide Namen.

Typen — Menschen sind so unterschiedlich wie die Situationen, die ihnen begegnen. Aufgeschlossene mögen schnelle und kurze Texte mit vielen Fragen und Ausrufezeichen – Hauptsache Action. Zurückhaltende brauchen gute Argumente, lesen langsamer und wollen nicht zu viele Fragen auf einem Haufen. Kritische Typen werden bei zu vielen Adjektiven und Superlativen misstrauisch. Versuchen Sie Ihre Kundschaft kennenzulernen. Wer sind die Menschen, für die Sie schreiben?

z. Hd. — Es ist selten geworden und trotzdem noch unterwegs. In der Adresse heisst es nicht mehr «z. Hd. Frau Anna Muster». Wir schreiben «Frau Anna Muster» oder «Anna Muster».

Wenn Sie nicht da sind …
Abwesenheitsnotizen im E-Mail

Mikro-Wording

Guten Tag!
Ich bin bis … nicht erreichbar.

Ich wünsche Ihnen einen guten Tag.

Name

**Briefing/
Mikro-Wording**

Sehr geehrte Dame, sehr geehrter Herr

Bis … bin ich nicht erreichbar. Mails werden nicht weitergeleitet. Sie haben ein dringendes Anliegen? Frau/Herr … ist für Sie da (Nummer).

Mikro-Wording

14, 18, 31, 33, 45, 19 … das sind meine Gewinnzahlen – bin auf und davon.

Alles Gute!

PS: Die Zahlen sind ein Traum: Sie erreichen mich wieder ab … .

Mikro-Wording

Hallo, liebe Mailerin, lieber Mailer

Ich bin nicht da. Ab … nehme ich mir wieder Zeit für Sie.
Wir lesen, hören, sehen uns.

Tschüss und bis später.

Schreiben für ein internes Publikum

Interne Kommunikation auf unterschiedlichen hierarchischen Ebenen ist ebenso wichtig wie anspruchsvoll und verdient die gleiche Aufmerksamkeit wie die Anliegen externer Kunden. In diesem Abschnitt erfahren Sie das Wichtigste über Protokolle und Berichte.

Das Protokoll – die verzögerte Live-Sendung

Wer gerne schreibt, schreibt bessere Protokolle. Wer sich für ein Thema interessiert, schreibt präziser und damit nützlicher. Beim Protokollieren lassen sich einige für die Kommunikation sehr wichtige Fähigkeiten üben: hinhören, beobachten, ohne zu bewerten, Aussagen zwischen den Zeilen interpretieren und aufschreiben, verschiedene Stile üben (direkte und indirekte Rede), Wortschatzerweiterung, nachfragen bei Unklarheiten, Inhalte bündeln, Aussagen verknüpfen, sensibler werden für die Unterschiede von gesprochener und geschriebener Sprache. Kurz: In Besprechungen läuft oft sehr viel ab, Schwieriges und Gutes. Meetings protokollieren ist deshalb ein perfektes Übungsfeld für Korrespondenten und zugleich eine Einladung, sich immer wieder mit Kommunikationspsychologie zu befassen. Protokolle müssen nicht langweilige Gesprächswiedergabe und starre Formalität bedeuten. Protokolle sind eine leicht verzögerte Live-Sendung. Und was es für eine gute Sendung braucht, lesen Sie in diesem Dialog, der direkt aus der Praxis kommt.

«Ich weiss oft nicht, was in Sitzungen von mir als Protokollführerin verlangt wird.»

Hier braucht es ein Briefing. Wer neu ist in einem Unternehmen oder in einem Team, muss Klarheit bekommen über seine Aufgaben. Wer seine Aufgabe nicht kennt, schreibt nicht nur zu viel, sondern auch das Unwichtige oder Falsche. Viele Protokolle sind zu lang. Obschon die Vorbereitung und Mitarbeitereinführung Chefsache ist, müssen auch Protokollführende Verantwortung übernehmen.
Klären Sie vor Sitzungsbeginn Ihren Auftrag. Was ist das Ziel des Protokolls? Was muss enthalten sein? Worauf muss ich achten (Schwierigkeiten, Unstimmigkeiten)?
Stellen Sie während der Sitzung Fragen, vor allem dann, wenn die Kollegen davongaloppieren und zwischen den Traktanden hin- und herwechseln.

Sie können zum Beispiel am Ende eines Tagesordnungspunktes den Beschluss klären: «Ist es richtig, dass ihr … beschlossen habt?»

«Wenn ich Fragen stelle, wirke ich inkompetent.»

Inkompetenz zeigt sich in einem unbrauchbaren oder unvollständigen oder unübersichtlichen oder unstrukturierten Schriftstück. Sie zeigt sich dann, wenn Leser fragen: Worum geht es hier? Was soll das? Wenn Sie für das Protokoll verantwortlich sind, dürfen Sie Ihren Auftrag ausführen.

«Ich weiss nie, was ich notieren soll.»

Hier fehlt das Konzept, der rote Faden. Die Übersicht über die Protokollformen hilft Ihnen.

Beschlussprotokoll | Notieren Sie das Thema, den Beschluss, Termine und davon betroffene Personen. Diese Form ist die häufigste in Unternehmen, weil sie sprachlich einfach ist und wenig Erstellungszeit benötigt. Nachteil: Die Geschichte eines Themas geht bereits nach kurzer Zeit vergessen. Neue Mitarbeiter werden aus einem Beschlussprotokoll meistens nicht schlau. Es ist ein gutes Instrument für Teams, die sich regelmässig treffen und die laufenden Geschäfte besprechen.

Verlaufsprotokoll | Es beschreibt den Verlauf einer Sitzung und ist deshalb anspruchsvoller zu schreiben. Viele praktizieren einen Mix aus Beschluss- und Verlaufsprotokoll. Notieren Sie auf je einem Blatt das Thema. Schreiben Sie die wichtigsten Wortmeldungen auf. Achten Sie auf Einwände und den Beschluss, also auf das Fazit. Lassen Sie Smalltalk weg oder auch lange Einleitungen wie zum Beispiel: «Ich möchte noch einmal auf … zurückkommen und etwas ergänzen.» Nehmen Sie solche «Rückfahrten» nicht sprachlich auf («Max Muster geht noch einmal auf … ein und ergänzt …»). Fassen Sie im Protokoll die Aussagen straff zusammen. Vorteil: Das Protokoll zeichnet ein Bild, macht den Verlauf auch für Neuankommende deutlich. Nachteil/Herausforderung: Sprachlich anspruchsvoll, Autoren müssen die Themen im Griff haben.

Wortprotokoll

Hier wird jedes Wort notiert, was im Geschäftsleben heute nicht mehr aktuell ist. Wortprotokolle gibt es zum Beispiel bei Gerichtsverhandlungen oder in der Politik. Es braucht dafür ein Tonband und meistens mehrere Personen, die mitschreiben. Vorteil: Buchstäblich alles lässt sich nachlesen, was bei einem spannenden Thema und ebensolchen Protagonisten durchaus unterhaltsam sein kann. Nachteil: zu aufwendig und nicht notwendig für normale Geschäftsgänge.

Aktennotiz

Sie ist ein Hinweis, eine Ergänzung zu einem Sachverhalt und meistens kurz. Vorteil: sprachlich einfach (Mikro-Wording).

«Welche sprachlichen Regeln gelten für das Protokoll?»

Oft ist intern zu hören: «Eine korrekte Sprache ist doch nicht so wichtig. Die Leute müssen nur wissen, was läuft.» Stimmt grundsätzlich, und dennoch häufen sich mit der Zeit Fehler und inhaltliche Ungenauigkeiten, was ein Dokument unattraktiv macht.

Schreiben Sie Protokolle im Präsens. Das verstärkt den Live-Charakter.

Lassen Sie das Einleitungsprozedere weg. («Der Vorsitzende begrüsst die Anwesenden und dankt für die Teilnahme an der Besprechung.»)

Achten oder klären Sie die Unternehmenskultur. Für Lesende ist es oft besser, wenn vollständige Namen stehen («Anna Meier präsentiert die Ergebnisse.») Möglich ist auch «Anna präsentiert» oder «Frau Meier ...», was allerdings unüblich ist. Meistens kann auf «Frau» und «Herr» verzichtet werden. Funktionen erwähnen Sie so: «Teilnehmende: Anna Meier, Projektleiterin Süddeutschland, Otto Huber, Teamchef, Martin Muster, Personalleiter Europa.» Im Protokoll arbeiten Sie dann nur mit den Namen.

Nutzen Sie viele Verben. Ein Verb erzählt eine Geschichte und wirkt frisch, aktuell. Zum Beispiel: zeigt, skizziert, verdeutlicht, erklärt, weist auf ... hin, zweifelt an ..., beschreibt, möchte wissen, fragt, verlangt, bittet um, schildert, orientiert, glaubt usw.

Das Auge liest zuerst. Arbeiten Sie bei längeren Themen mit Zwischentiteln oder fettgedruckten Passagen. Legen Sie Wert auf eine schöne Darstellung.

Wichtig ist eine logische Titelstruktur. Hauptthema fett und grössere Schrift. Zwischentitel auch fett, kleinere Schrift.

«Wie sieht die korrekte Darstellung aus?»

Die gibt es nicht (mehr). Jedes Unternehmen entwirft einen eigenen visuellen Auftritt. Grundsätzlich gilt: Die Darstellung dient dem Zweck, das heisst, sie unterstützt ein Dokument und hilft dem Leser, sich rasch zurechtzufinden. Eine gute Grafik hilft auch beim Schreiben, weil zum Beispiel immer klar ist, wo Namen und Termine hinkommen.

«Ist Fettdruck gut?»

Fettgedruckte Passagen heben etwas hervor. Setzen Sie Fettdruck sparsam ein, indem Sie nur einzelne Wörter fett schreiben. Ganze Abschnitte im rabenschwarzen Auftritt wirken schwer.

«Wie finde ich die richtige Tonalität?»

Auch hier spielt der Fettdruck eine Rolle, weil er oft als Aufruf eingesetzt wird, etwa so: «Die Themen für die Jahresversammlung müssen bis **spätestens** 15. Dezember eingereicht werden.» Auch wenn der Appell in manchen Situationen angebracht ist, kann er Unstimmigkeiten verursachen, weil er als Weisung, als Befehl verstanden wird. Oder anders ausgedrückt: In Teams mit wenig Verbindlichkeit oder Disziplin hilft der Fettdruck irgendwann nicht weiter. Hier braucht es Klärung: «Wie können wir unsere Arbeit effizient und effektiv meistern?» / «Wie gehen wir mit Unpünktlichkeiten oder schwacher Verbindlichkeit um?» / «Was sind die Konsequenzen bei nicht eingehaltenen Terminen, unerledigten Aufträgen?» / «Was können wir tun, damit es besser wird?»

Auf die Tonalität achten wir besonders bei Zitaten. Jedes Wort hat eine Bedeutung, und eine Aussage zeigt eine Person. Achten Sie auf den Unterschied: «Max Meier sagt: ‹Ich weiss nicht, wie sich der Markt entwickeln wird›.» / «Aus Sicht von Max Meier ist die Marktentwicklung noch offen/unklar.» Die erste Aussage könnte er aufgrund seiner internen Position korrigieren, weil er vermutlich «ich weiss es nicht» ungerne liest. Sie sagen jetzt vielleicht: «Aber er hat es so gesagt» und sind enttäuscht, wenn Ihr Protokoll laufend zerpflückt wird. Im Gespräch sind selbst harte Aussagen besser abgefedert, weil sie in einen Moment, zu einem Dialog passen und in unserem Land schweizerdeutsch formuliert werden. Zu direkt übersetzt wirken manche Wendungen unbeholfen. Versuchen Sie also weniger direkt und korrekt zu zitieren, hören Sie vielmehr heraus, wie jemand etwas meint. Wenn es zu anspruchsvoll ist, auf Zwischentöne zu achten, arbeiten Sie weniger mit direkten Reden und verwenden Sie neutrale Verben wie sagt, erklärt, meint, sagt aus, orientiert, weist auf … hin.

Informationen managen

Top-Tipp

Cc einschränken. Intern klären, wer wann ein cc bekommt.
E-Mails mit Kommentar weiterleiten, Empfänger kurz anschlussfähig machen. Warum geht ihn die Nachricht etwas an? Zur Kenntnis oder zur Info ist Gewohnheit, aber nicht nützlich für einen schnellen Arbeitsprozess.

Das Weiterleiten von E-Mail-Dokumenten ist zur (Un-) Sitte geworden. Fast alles läuft mit den Kurzformen fyi (for your information), asap (as soon as possible), z.K. (zur Kenntnis) oder z.I. (zur Information). Die Empfehlung ist nicht neu: Dokumente nur an einen gezielten Personenkreis weiterleiten. Die E-Mail-Flut ist kein Segen, sie ist ein Ärgernis. Eine kurze Information, was für ein Mail aus welchem Grund weitergeleitet wird, ist aufmerksam und effizient.

Ping-Pong-Austausche einschränken, zum Beispiel so: «Wenn Sie mit diesem Vorgehen einverstanden sind, brauchen Sie mir nicht zu antworten.» Fragen nur dann stellen, wenn ein Gespräch wichtig und erwünscht ist. Fragen wie «Haben Sie Fragen?» sind zwar Standard, aber meistens unnütz.

Erhöhen Sie Ihre Arbeitsqualität mit mehr Effizienz und Effektivität. Schalten Sie im Computer das «Gongzeichen» aus, das Ihnen jedes neue E-Mail ankündigt. Indem Sie Zeitfenster für die Beantwortung mehrerer Nachrichten schaffen, schreiben Sie konzentrierter und damit die brauchbareren Botschaften. Spontanes Antworten unterbricht unser Denken und Handeln, frisst Zeit und Nerven.

Auch wenn das E-Mail viele Gespräche ersetzt, ist oft sprechen vor schreiben die bessere Strategie. Nach einem Gespräch ist es leichter, ein E-Mail oder einen Brief zu schreiben, weil wir auf lange Einleitungen verzichten können. Mikro-Wording sorgt hier für mehr Qualität – weniger ist mehr.

Nachrichten vorbereiten, Strategie festlegen, schreiben, überarbeiten und erst dann publizieren. Viele Texte sind schlecht, weil sie vor dem Senden nicht überarbeitet werden. Investieren Sie mehr Zeit in die Vorbereitung als ins Schreiben. Wer das schreibt, was er laufend denkt, schreibt zu viel. Wer das schreibt, was er sagen möchte, bleibt kurz.

| KAPITEL 2 | **Top-Themen** | Schreiben für ein internes Publikum |

Ans Weiterleiten denken! Persönliche Nachrichten oder Smalltalk, der für bestimmte Personen unangenehm sein könnte, im E-Mail vermeiden. Mails sind rasant unterwegs und werden innert Sekunden weitergeleitet.

Auch wenn es ein junges Instrument mit vielen Freiheiten ist: E-Mails sollten in Rechtschreibung und Grammatik einigermassen korrekt sein. Besonders Namen müssen richtig sein.

Berichte – viel Nährwert kurz und knapp

Zu viel Text, zu viele Seitenaspekte, keine Struktur, keine elegante Sprache, zu lange Herleitungen. Berichte sind in der Regel keine Bettlektüre und besser keine Doktorarbeit. Sie sind zum Beispiel Entscheidungsgrundlage für ein internes Gremium, sie liefern Analysen und Fakten. Gute Berichte sind relevant, anregend, aktuell und kurz. Der Erfolg beginnt mit der richtigen Vorbereitung.

Erst die Struktur, dann der Text

→ Identifizieren Sie das Thema: Worum geht es im Bericht?
→ Formulieren Sie die Kernfrage zum Thema: Welches Problem müssen wir lösen?/ Wie können wir unser Problem lösen?/ Hindert uns etwas an der Lösung?/ Was brauchen wir für die Lösung?/ Was bieten wir für die Lösung?/Welcher Weg führt am schnellsten zur Lösung/Klärung? /Für wen schreibe ich, was weiss mein Publikum?
→ Beantworten Sie die Kernfrage vor dem Schreiben und notieren Sie die Antwort auf einem Blatt.
→ Prüfen Sie, ob Ihre Inhalte, Analysen, Beurteilungen, Lösungen oder Stellungnahmen die Kernfrage beantworten und für Ihr Publikum wichtig sind.
→ Gruppieren Sie die Inhalte: Welches sind die wichtigsten Aspekte? Wie viele Nebenschauplätze gibt es, und sind sie relevant für den Bericht?
→ Gut vorbereitete Texte sind kurze Texte.

KAPITEL 2 — **Top-Themen** — Berichte – viel Nährwert kurz und knapp

Berichte richtig aufbauen

Achtung Stolpersteine
→ Eine Einleitung, die unverständlich oder nicht nachvollziehbar ist.
→ Die Einleitung behandelt eine lange Vorgeschichte oder eine abgeschlossene Vergangenheit, sie wirkt nicht aktuell.
→ Keine oder nicht aussagekräftige Titel (Autor kennt das Thema zu wenig).
→ Kein Fazit – Text/Argumentation hört irgendwo auf oder eröffnet ein neues Thema, das im Moment nicht wichtig ist.
→ Kernfrage ist nicht mehr Zentrum des Textes – Autor ist abgedriftet, geht einer neuen Frage nach.
→ Zu viele Nebenschauplätze, die das Thema nicht bereichern, sondern in die Länge ziehen.

Der Haupttitel
→ Er ist das Dach des Themas, ist kurz und wie eine Schlagzeile formuliert.

Die Einleitung
→ Sie beginnt mit dem Kernthema/der Kernfrage. Sie schildert eine Ist-Situation und sagt, wohin die «Reise» führt. Die Einleitung sollte so sein, dass Lesende gute Gründe haben, in das Thema einzusteigen, zum Beispiel: «Wir schreiben Briefe und E-Mails, weil wir gelesen und verstanden werden möchten. Intern halten wir uns an folgende Regeln und Grundsätze. Dieser Bericht ist ein Leitfaden für die Teams.»
→ Weitere Einleitungen: Dieser Bericht erklärt das weitere Vorgehen. Ziel ist eine Verbesserung von … ./Die Teams in Lausanne und Zürich arbeiten mit vielen Überstunden. Die Arbeitszufriedenheit und die Leistung sinken. Diese Analyse stellt Lösungsmöglichkeiten vor und nennt Massnahmen für eine rasche Verbesserung.

Der Lauftext und das Fazit
→ Er rollt das Thema auf und beschreibt die Situation angemessen lang.
→ Er behandelt das Thema logisch und relevant (Kernfrage, Nebenschauplätze).
→ Die Inhalte im Lauftext sind aktuell.
→ Zwischentitel geben einen roten Faden.
→ Der Lauftext hat ein Fazit, welches das Thema abschliesst und beendet.

Daran halte ich mich!

→ Abstrakte Themen sprachlich visualisieren: Zeigt, stellt vor, macht deutlich, gibt Einblick in, ermöglicht eine Übersicht, stellt dar, geht mit … in die Tiefe, skizziert, beleuchtet.
→ Kein Nominalstil: Verben beleben Ihren Text.
→ Das Wichtigste zuerst. Nicht so: Gemäss Bundesbeschluss über … und der Verordnung … muss die Umsetzung von … bis gewährleistet sein, insbesondere der Massnahmenplan … .
Besser: … müssen wir bis … umsetzen und den Massnahmenplan einbeziehen (Bundesbeschluss …/Verordnung …)
→ Möglichst im Präsens schreiben, auch Vergangenes. Zum Beispiel so: Was ist bisher geschehen?
　→ Im Juni … verabschiedet die Geschäftsleitung …
　→ Im September … entscheiden die Teams …
　→ Im Oktober informieren die Abteilungen das Personal im Ausland.
→ Fragen aktivieren einen Text. Vor allem Zwischentitel als offene Fragen laden zum Weiterlesen ein: Wie geht es weiter?/Was tun wir für …?/Welche Massnahmen sind im Moment die wichtigsten?
→ Text richtig überarbeiten: Erst nach dem Schreiben mit der Überarbeitung beginnen. Wer beim Schreiben überarbeitet, blockiert sich leicht. Beim Schreiben sagen wir das, was wir denken. Beim Überarbeiten bündeln wir die Gedanken und schreiben das, was wir sagen möchten. In der Regel gewinnt ein Text, wenn er gekürzt wird. Prägnanz vor Länge, Aktualität vor Herleitung.

KAPITEL 2 | **Top-Themen** | Berichte – viel Nährwert kurz und knapp

Top-Tipp

Gliederung

Der Titel ist das Dach des Themas.
Die Einleitung sagt, wohin die Reise führt, sie ist kurz.
Der Mittelteil rollt das Thema auf, Zwischentitel geben Übersicht.
Das Fazit beendet das Thema, schliesst den Kreis.
Viele lesen den Anfang und den Schluss zuerst.

Rhythmus

Lesen Sie sich Ihre Zeilen laut vor und hören Sie dem Textfluss zu. Reihen Sie nicht Satz an Satz. Verwenden Sie verbindende Begriffe und Wendungen wie «deshalb», «auf Grund dieser Erfahrung…». Oder nehmen Sie den Gedankenstrich in Ihre Korrespondenz auf: «Bitte senden Sie den Vertrag bis … zurück – vielen Dank.» Rhythmische Texte wirken elegant.

Das Passiv

Wir schreiben für das Leben, nicht für ein Vorgestern und wohl kaum für die Archivschachtel. Deshalb gilt: Mensch vor Sache, Information vor Paragraf, Transparenz = wer macht was?

Blocksatz & Co.

Auch er hat ausgedient. Flattersatz lebt und liest sich leichter. Wörter nicht unterstreichen, weil dadurch die Lesbarkeit mehr ab- als zunimmt. Keine Kursivschrift und Raster.

3

KAPITEL 3

Die Bewerbung – das Projekt in eigener Sache

«Wie soll ich einsteigen?» «Was muss ich erwähnen?» «Ist diese Formulierung nicht zu frech?» «Was denken Personalleute, wenn die Bewerbung ganz ungewohnt geschrieben ist?» «Wie zeige ich mich, ohne überheblich zu sein?» Die Fragen zu Bewerbungen liessen sich fast unendlich weiterführen, denn die Unsicherheit mit diesem Thema ist gross. Bewerbungsschreiben sind nicht nur anspruchsvoll, sie stellen viele Arbeit Suchende vor eine paradoxe Situation: Sie möchten auffallen und gesehen werden. Aber sie möchten keine Normen verletzen und nicht zu andersartig wirken. Zu viel Neues birgt das Risiko einer Ablehnung, zu wenig Persönlichkeit und Musterformulierungen ebenso. Die meisten Bewerbenden konzentrieren sich deshalb auf formale Aspekte: auf einen lückenlosen Lebenslauf, auf korrekte Zeugnisse, auf eine ansprechende Gestaltung der Bewerbungsmappe. Das Begleitschreiben dient als lästiges, fades Beigemüse, von dem viele sagen, es werde sowieso nicht beachtet und es spiele demzufolge keine Rolle, wie es zubereitet sei. Dieser Schluss ist zu einfach. Das Bewerbungsbriefing gibt dem Dossier mit allen anderen Dokumenten und Angaben eine persönliche Stimme. Eine gute, der Situation angepasste «Stimme» hilft einem Lebenslauf, wertet die gesamte Bewerbung auf.

Wenn Menschen über ihre Wünsche und Ziele sprechen, ist meistens alles da, was es für eine Bewerbung mit dem gewissen Etwas braucht. Wenn aber Menschen diese Wünsche und Ziele schriftlich formulieren müssen, werden sie unsicher, benutzen Mustervorlagen, um ja keinen Fehler zu machen, arbeiten mit einem Ablauf, der immer gleich ist:
→ Bezug zum Stelleninserat
→ Interesse wecken für die Aufgabe
→ Sich selber kurz vorstellen
→ Fähigkeiten und Ausbildungen nennen
→ Wunsch für ein Vorstellungsgespräch äussern

KAPITEL 3 **Die Bewerbung –
das Projekt in eigener Sache**

Grundsätzlich ist dieses Vorgehen nicht falsch, nur macht es alleine noch keinen guten Text aus. Der Zauber einer gelungenen Bewerbung lässt sich in einem kurzen Satz beschreiben: Erzähle (fremden) Menschen eine gute Geschichte über dich. Und über dieses Geschichtenerzählen berichtet dieses Kapitel. Es analysiert gängige Formulierungen und stellt Alternativen vor. Es berichtet vom Unterschied zwischen einer Papier- und E-Mail-Bewerbung und stellt die Sprache für Bewerbungen ins Zentrum. Es ist ein Kapitel für Berufsleute, die unterwegs sind und sich mit dem anspruchsvollen Thema Bewerbung befassen möchten oder müssen. Ebenso dient dieser Buchabschnitt der «anderen Seite», jenen Personen, die mit Bewerbern und ihren Dossiers zu tun haben. Zum gesamten Anstellungsprozedere gehören Bestätigungs- und Geduldschreiben, Einladungen für Gespräche, und – auch das gehört dazu – Absagen.

Bewerbungen bringen komplexe Themen zutage: Ein Mensch legt sein Leben offen, formuliert seine Wünsche – er wird sicht- und greifbar und möglicherweise angreifbar. Wünsche werden erfüllt oder nicht, Menschen willkommen geheissen oder abgelehnt. In diesem Umfeld gibt es keinen perfekten Wortlaut oder Text, der schützt, alles berücksichtigt und stets richtig ist oder zum Erfolg führt. Kommunikation in eigener Sache oder im Auftrag eines Unternehmens bewegt sich auf Grenzlinien. Manches lässt sich aus Erfahrung vorhersehen, vieles zeigt sich erst, wenn es ausgesprochen bzw. geschrieben ist. Moderne Dossiers werden genauso abgelehnt wie der traditionelle Auftritt. Verwenden Sie die Tipps und Texte für Ihren eigenen Weg, lassen Sie sich anregen, beraten und klären Sie für sich, was zu Ihnen passt. Das Ungünstigste – und das lässt sich mit Klarheit sagen – ist eine Bewerbung, die künstlich wirkt, nach Bausteinen und gesuchten Formulierungen riecht, mit einem dicken Zuckerguss süsser Freundlichkeit überdeckt ist und sich rundum bemüht, überperfekt zu sein; kein Mensch ist vollkommen und auch kein Lebenslauf. Das gilt übrigens auch für Ihr Foto.

KAPITEL 3   **Die Bewerbung –
das Projekt in eigener Sache**

Die 10 häufigsten Fehler

1. **Das schreiben, was alle schreiben.**
2. **Keine Geschichte erzählen, mit zu vielen Adjektiven arbeiten.**
3. **Für jede Bewerbung den gleichen Text verwenden.**
4. **Keine Argumente, kein Engagement, nur Floskeln.**
5. **In der Bewerbung das Unternehmen loben.**
6. **Ziele und Wünsche nicht preisgeben.**
7. **Klare Absichten mit dem Konjunktiv unnötig abschwächen.**
8. **Langer Text, wenig Aussage.**
9. **Sprachlich und stilistisch unausgereift.**
10. **Angst, gesehen und erkannt zu werden.**

KAPITEL 3 — Die Bewerbung – das Projekt in eigener Sache

Sich selber begegnen: Die Vorbereitung

Die gute Bewerbung beginnt im Kopf. Wer sich im Klaren ist, wonach die Suche beginnt, startet ein strukturiertes Selbstmanagement. Der Lebenslauf wird als Kernstück betrachtet. Der Text ist die unterstützende, die begleitende Stimme. Die folgende Gedankenliste hilft bei der Vorbereitung für die Bewerbung.

Gedankenliste

→ Aus welchem Grund bin ich auf der Suche? Jobverlust, Unzufriedenheit mit aktueller Arbeit, neue Karriereziele, neuer Wohnort, familiäre Veränderungen, einfach weg wollen oder konkretes Interesse an einem Unternehmen.

→ Welches Resultat wünsche ich mir bei der Bewerbung? Eine Position in einem neuen Unternehmen, Marktwert prüfen, sich umsehen, Rückmeldungen einholen, konkrete Stelle im Wunschunternehmen, besseres Gehalt, mehr Handlungsspielraum bei der Arbeit, mehr Verantwortung.

→ Wie gestalte ich die Suche? Stellenbörsen im Internet, Netzwerkplattformen wie zum Beispiel Xing, Zeitungsinserat, Spontanbewerbungen ohne Inserat, Initiative aufgrund einer Empfehlung.

→ Wie aktuell und vollständig ist meine Dokumentation? Lebenslauf, Foto, Zeugnisse, Referenzen.

→ Was macht mich aus? Was wünsche ich mir im Leben und im Beruf? Was biete ich für die Veränderung? Was brauche ich noch für diesen Weg?

Am wirkungsvollsten sind Texte, die erst am Schluss der Vorbereitung entstehen. Steht der Begleitbrief bereits am Anfang, fehlen ihm Nuancen, Tiefen, und er bleibt mit Worthülsen an der Oberfläche. Warum sollen Unternehmen Interesse zeigen, wenn sie nichts Brauchbares lesen? Betrachten Sie Ihre Bewerbung als ein Projekt, für dessen Management Sie verantwortlich sind. Und wer sich in seinem Projekt auskennt und es auch mag, vermeidet folgende Fehler:

Tipps

→ Für jede Stelle und Aufgabe den gleichen Brief.
→ Immer gleiche Anreden und Grussformen.
→ Dumpfes Engagement (würde, wäre, möchte).
→ Übertreibungen (sehr interessiert, total angesprochen).
→ Vom Unternehmen und nicht von sich sprechen (Ihre Produkte geniessen einen guten Ruf).
→ Kein Eingehen auf das Inserat und dessen Schlüsselbegriffe.
→ Peinliche Fehler wie keine Namens- oder Titelanpassungen.
→ Kein Eingehen auf Fähigkeiten, die mit der momentanen Bewerbung zu tun haben.
→ Stilistische Brüche mit Textbausteinen und individuellen Sätzen.
→ Flüchtigkeitsfehler, unschöne Gestaltung, insgesamt müder Auftritt.

An dieser Stelle ist mir ein Hinweis wichtig: Arbeitslose Menschen müssen sich auf sehr viele Stellen und wahllos bewerben, damit sie ihr Erwerbslosengeld erhalten. In diesem Dauerstress wäre die Forderung nach ständig frischen Texten vermessen. Diese Realität ist den Personalfachleuten bewusst, wir brauchen sie nicht zu täuschen. Mit eigener Stimme schreiben bedeutet ehrlich bleiben, also schlicht. Schreiben Sie kurz, dass Sie auf der Suche sind, stellen Sie sich mit Ihrem wichtigsten Argument oder Highlight aus dem Lebenslauf vor und bekunden Sie Ihr Interesse für ein Gespräch – kein Konjunktiv! Versuchen Sie bei sich zu bleiben, auch wenn es Absagen hagelt. Werten Sie sich nicht ab, indem Sie gar nichts mehr preisgeben oder sich auf dem Präsentierteller anbieten, alles versprechen und überflexibel auftreten.

KAPITEL 3 — Die Bewerbung – das Projekt in eigener Sache

Die Automatenstimme im Begleitbriefing

Die folgenden Wendungen sind bekannt, vertraut, tausendfach gelesen, glatt, rasch getippt und insgesamt aussagebefreit. Weg damit! Die Idee nach dem Kommentar ist ein Denkanstoss. Lesen Sie später auch die Briefbeispiele.

Auf der Suche nach einer neuen Herausforderung bin ich auf Ihr Inserat gestossen. Hiermit bewerbe ich mich für die Stelle als … .

Kommentar Insgesamt unnötiger Einstieg mit der Floskel «hiermit». «Auf Ihr Inserat gestossen» wirkt nach Zufall. Beiden Sätzen fehlt eine briefingtaugliche Information. Noch etwas: Verwenden Sie anstelle von «Stelle» auch Synonyme: Aufgabe, Tätigkeit, Position, Verantwortung, Engagement, Arbeit.

Idee Die Aufgabe … interessiert mich, weil …

Ich bin motiviert, eine neue Herausforderung in Ihrem Unternehmen anzunehmen.

Kommentar Hier stellt sich der aufmerksame Leser die Frage «aus welchem Grund?» Der Satz gibt keine Antwort, er ist ein leeres Statement.

Idee Mit meinem Hintergrund/meiner Ausbildung bin ich dieser Herausforderung gewachsen. Ich freue mich, wenn ich Ihnen meine Qualitäten vorstellen darf.

Ihr Inserat gefällt mir. Hiermit bewerbe ich mich für die ausgeschriebene Stelle als … .

Kommentar Hier fehlt die Erklärung, warum das Inserat gefällt. Unternehmen möchten auch nicht für ihre Inseratetexte gelobt werden. Sie möchten Kandidaten, die von sich sprechen. «Ausgeschriebene …» ist ein Füllwort, also überflüssig.

Idee Selten ist mir ein Inserat begegnet, das so gut passt. Ich kann mir vorstellen, diese Aufgabe zu übernehmen.

KAPITEL 3	**Die Bewerbung –** **das Projekt in eigener Sache**	Die Automatenstimme im Begleitbriefing

                    Ihr Inserat in der NZZ vom … spricht mich an. Beiliegend erhalten Sie meine Bewerbung für die Stelle als ….

Kommentar   Ich sehe, was ich bekomme. Dieser Einstieg ist ohne Aussage, verschenkt nur wertvolle «Sendezeit» und langweilt den Empfänger.

Idee   In meinem Lebenslauf sehen Sie meine beruflichen Stationen, insbesondere meine Tätigkeit bei …, die für Ihre Position wichtig sein könnte.

        Ihr Profil entspricht genau meinen Vorstellungen. Dem Lebenslauf können Sie die Details entnehmen.

Kommentar   Aha, das Profil entspricht! Und jetzt muss die Personalexpertin im Lebenslauf die entsprechende Stelle suchen, die dieser Behauptung standhält. Ausserdem wirkt der zweite Satz wenig elegant (können entnehmen – wenn Sie möchten…).

Idee   Die Vorstellung, als … zu arbeiten, gefällt mir. Ich bringe für … mit. Der Lebenslauf sagt Ihnen noch mehr. Ich freue mich auf ein Gespräch.

        Ich hätte grosses Interesse, bei Ihnen zu arbeiten. Gerne bewerbe ich mich für die Stelle.

Kommentar   Besteht das Interesse oder nicht? Kein «hätte» im Text. Auch hier fehlt im ersten Satz der individuelle Storybeginn.

Idee   Ich bin sehr an einer Mitarbeit interessiert.

	Ihre Stelle entspricht meinen Fähigkeiten und Ausbildungen. Deshalb bewerbe ich mich.
Kommentar	Das gleiche Problem zeigt sich auch hier. Keine Begründung, die dem Empfänger auf den ersten Blick klar macht, was diesen Bewerber von anderen unterscheidet. Schade, nur Zeit vergeudet.
Idee	Ich bewerbe mich bei Ihnen, weil ich als … wichtige Voraussetzungen mitbringe, besonders … .
	Durch Ihr Stelleninserat in der Berner Zeitung bin ich auf Ihr Unternehmen aufmerksam geworden.
Kommentar	Wirkt freundlich, aber müde. Hier sagt jemand ungelenk, wie wenig er vom Unternehmen weiss und wie zufällig er darauf gestossen ist. Ob das gut ankommt?
Idee	Seit einiger Zeit suche ich auf den Gebieten … und … eine neue Arbeit. In meinem Profil fehlt nur der Abschluss in/als … . Ich freue mich, wenn diese Lücke kein Nein auslöst.
	Jung, motiviert und engagiert – das bin ich! Gerne bewerbe ich mich für die Stelle als … .
Kommentar	Hier bin ich, seht her! Dieser Einstieg wirkt zu werbemässig und verleitet zu Superlativen, besonders mit der Ausrufezeichen-Verstärkung: Ich bin die Beste. Oder: Ich bin Ihr Mann/Ihre Frau für … . Auch wenn im Inserat diese Worte vorkommen, sollten sie mit einer Begründung aufgenommen werden. «Mit 25 bin ich im Alter, das Sie für die Position erwarten.»
Idee	Ich bin jung, motiviert für … und engagiert in … Ich möchte etwas leisten und vorankommen.

KAPITEL 3	**Die Bewerbung – das Projekt in eigener Sache**	Die Automatenstimme im Begleitbriefing

Die Stationen meines Berufslebens waren vielseitig und bereichernd.

Kommentar   Mit Adjektiven grundsätzlich zurückhaltend sein, sie briefen zu wenig, erzählen keine Geschichte. Wer seine berufliche Geschichte kurz beschreibt, stellt seine Stationen vor und ermöglicht Unterscheidbarkeit.

Idee   Mein Leben führte mich durch ganz Europa, was viele Vorteile, aber auch Nachteile hatte. Heute ist mir eine Konzentration auf … wichtig, deshalb stelle ich mich Ihnen vor.

Seit fünf Jahren arbeite ich für die Organisation … Nun ist es Zeit für eine neue Herausforderung. Ihr Inserat spricht mich an.

Kommentar   Der erste Satz geht halbwegs. Der zweite lässt wieder Fragen offen. Warum ist es Zeit? Der erste Satz taugt jedoch nur, wenn der Hinweis für die neue Aufgabe relevant ist. Ansonsten wirkt er wie ein bemühter Einstieg.

Idee   Die heutige Arbeit ist in Ordnung, aber sie bringt mich nicht mehr weiter. In Ihrer Ausschreibung lese ich … und genau danach suche ich/genau das wünsche ich mir.

Ich würde mich freuen, wenn Sie mich zu einem Vorstellungsgespräch einladen.

Kommentar   Der Klassiker zum Schluss.

Idee   Erzählen Sie mir mehr über diese Aufgabe? Ich bin gespannt auf Ihre Antwort.

	Gerne berichte ich Ihnen in einem persönlichen Gespräch mehr über meine Person.
Kommentar	Gespräche sind meistens «persönlich» im Sinn von Person zu Person. Füllwörter weglassen.
Idee	Ich nehme mir gerne Zeit für ein Gespräch – Sie auch?
	Ich freue mich auf die Gelegenheit, mich persönlich bei Ihnen vorstellen zu dürfen. Sie erreichen mich jederzeit unter +41 79 … .
Kommentar	Unnötig umständlich, auch mit «persönlich» und «zu dürfen». Jederzeit stimmt nicht. Genaue Zeiten wirken professioneller.
Idee	Sie erreichen mich unter … .
	Ich würde mich freuen, in die engere Wahl gezogen zur werden und von Ihnen zu hören.
Kommentar	Nur in die engere Wahl?
Idee	Ich freue mich, wenn Sie mich einladen.
	Ich hoffe, ich habe Sie neugierig gemacht.
Kommentar	Das Perfekt wirkt hier vergangen. Einfach weglassen. Und meistens ist nachfragen besser als hoffen: «Spricht Sie mein Briefing an?» Allerdings können geschlossene Fragen heikel sein – ein «Nein» ist naheliegend.
Idee	Eine positive Nachricht/Antwort freut mich.

KAPITEL 3

**Die Bewerbung –
das Projekt in eigener Sache**

Sich selber überwinden:
Ein Wagnis lohnt sich

Beim Verlassen kollektiver Sätze und Gewohnheiten treten Befürchtungen oder Zweifel ins Scheinwerferlicht. Allerdings ist auch der Mut in der Nähe. Lesen Sie eine ungewöhnliche Unterhaltung.

Die Befürchtung warnt	Diese Sätze wollen alle lesen!
Der Mut sagt	Vielleicht möchten sie etwas lesen, was neu ist für sie.
Die Befürchtung warnt	Was soll denn der Brief noch sagen, steht ja alles im Lebenslauf!
Der Mut sagt	Stimmt. Und was ist mit den Brüchen im Lebenslauf, jenen Stellen, die auf den ersten Blick nicht so ansehnlich sind? Und was ist mit Highlights, die besondere Beachtung verdienen? Wo, wenn nicht im Begleitbriefing, können Brüche oder Aussergewöhnliches gewinnbringend oder sympathisch aufgefangen werden?
Die Befürchtung warnt	Ich kann mich doch nicht so aufplustern im Text.
Der Mut sagt	Stimme ich zu, auf keinen Fall aufplustern. Sage einfach, wer du bist und was du kannst – ohne Schnörkel, ohne Superlative, ohne Zusatzstoffe. Wenn du das tust, erkennen dich andere Menschen und möchten mehr wissen von dir. Der erste Schritt zum Vorstellungsgespräch …
Die Befürchtung warnt	Begleitbriefings werden so aufwendig. Und mit einer Absage rechnen muss ich auch!
Der Mut sagt	Ist richtig. Lege dir in der Vorbereitungsphase verschiedene Formulierungen und Textbausteine zurecht, die du in deinen Briefings immer wieder neu zusammenstellen kannst. Erstelle eine Bibliothek und überlege bei jeder Bewerbung, wie viel und was für ein Briefing es braucht.

| KAPITEL 3 | **Die Bewerbung –** **das Projekt in eigener Sache** | Sich selber überwinden: Ein Wagnis lohnt sich |

Die Befürchtung warnt	Ich kann nicht so gut schreiben, mir fehlen die Worte.
Der Mut sagt	Schreibe den Entwurf ohne Zensur, sage alles, was du von dir publizieren möchtest, was dir echt am Herzen liegt. Lege den Text weg und schaue ihn später wieder an. Beginne deinen ersten Satz mit der stärksten Stelle des Entwurfs. Du wirst sehen, die Worte sind schon längst da.
Die Befürchtung warnt	Und wenn ich in der Absage kritisiert werde für meinen Text?
Der Mut sagt	Ist zwar unangenehm, kommt aber selten vor. Ein Hinweis – vorausgesetzt, er ist qualifiziert – kann dir beim nächsten Anlauf helfen. Längerfristig wirklich frustrierend sind Absagen ohne Aussage, denn sie würdigen deine Arbeit nicht. Wer dich kritisiert, befasst sich immerhin mit dir …
Die Befürchtung warnt	Ich kann doch nicht immer das Rad neu erfinden!
Der Mut sagt	Auch da gebe ich dir recht. Neu erfundene Räder sind nicht immer die fahrtauglichsten. Wenn du die Vorbereitungsarbeiten gewissenhaft erledigst, kennst du deine Strategie und deinen Stil. Nur Leute, die sich ohne Selbstmanagement bewerben, gehen ohne Struktur vor, versuchen immer wieder eine neue Sprachgarderobe aus, quetschen sich in irgendwelche Muster, verlieren sich aus den Augen. Was ist eigentlich das Schlimmste, was dir zustossen kann? Deine Bewerbung wird gesehen, angeschaut, begutachtet. So schlimm? Ein Risiko durchaus. Eine Chance zugleich.

KAPITEL 3

Die Bewerbung – das Projekt in eigener Sache

Der Aufbau – klassisch oder kreativ?

Kreativität im Textaufbau ist sinnvoll, wenn Ausgefallenes zum Unternehmen oder zur neuen Arbeit gehört. Die acht Schritte für den Textaufbau geben eine Orientierung.

Adresse Name des Unternehmens oder der Personalberatung, Kontaktpersonen, sofern bekannt, mit «Frau» oder «Herr» ansprechen, zum Beispiel so:

Name des Unternehmens
Frau Monika Meier
Human Resources
Bahnhofstrasse 1
8000 Zürich

Datum Ohne Ortsangabe, dafür ausgeschrieben: 3. August 2010

Titel Stelle und Quelle (Zeitung, Internet usw.) notieren oder nur Aufgabe erwähnen.
Verkaufsleiter Ostschweiz: Inserat im St. Galler Tagblatt vom …

Anrede höflich-zurückhaltend: Sehr geehrte Frau Meier/Guten Tag Herr Muster. (Kein «Hallo», auch im E-Mail nicht. Grüezi und Liebe(r) sind zu nah für einen ersten Kontakt.)

Start mit Briefing Schlüsselstellen im Inserat gleich mit der eigenen Person verbinden: «Für die Verkaufsleiter-Aufgabe in der Ostschweiz bringe ich die Kompetenzen … mit und verfüge über Erfahrungen in … .»

Mittelteil In eigener Sache und kundenorientiert
Meine Laufbahn ist geprägt von Führungsaufgaben in den Bereichen … und … . Heute bin ich in der Lage, Ihnen zudem … anzubieten. Meine im Jahr 2008 abgeschlossene Zusatzausbildung in … ergänzt diese Fähigkeit. Abgesehen davon ist meine persönliche Lebenssituation ideal für die Aufgabe, weil ich … .

KAPITEL 3	**Die Bewerbung –** **das Projekt in eigener Sache**	Der Aufbau – klassisch oder kreativ?

Fazit

Kreis schliessen und Erwartung äussern
Mit dem Wechsel in die neue Aufgabe könnte ich meinen Wunsch nach … erfüllen. Ich freue mich auf Ihre baldige Nachricht und das Gespräch mit Ihnen. Auf dem Handy bin ich von Dienstag bis Freitag am besten erreichbar: +41 79 …

Gruss

höflich-persönlich
Ich grüsse Sie freundlich./Freundliche Grüsse/Bis bald und freundliche Grüsse/Ich freue mich auf Ihre Nachricht und grüsse Sie aus Wil.

E-Mail oder Postweg?

Viele Unternehmen und Personalberatungen verlangen Dossiers per E-Mail. Senden Sie Ihr Briefing als Worddatei oder PDF und achten Sie bei Lebenslauf, Zeugnissen etc. auf Dateitypen, die sich leicht und vor allem schnell öffnen lassen, zum Beispiel PDF. Senden Sie die Dokumente nicht ohne Kommentar. Hier ein Formulierungsbeispiel für den Mailtext.

Guten Morgen Frau Huber / Sehr geehrte Frau Huber

Für die Aufgabe/Stelle Key Account Manager in Basel erhalten Sie mein vollständiges Bewerbungsdossier.
Darf ich eine baldige Rückmeldung erwarten? Ich freue mich darauf und grüsse Sie freundlich aus Rheinfelden.

(Name plus aktuelle berufliche Position)
Max Muster, Key Account Manager bei …

KAPITEL 3

Die Bewerbung – das Projekt in eigener Sache

Sätze und Wendungen: Ideen sammeln

Keine Mustertexte, keine Textbausteine, keine Automatenstimmen. Allerdings schreiben die meisten Menschen mehrere Bewerbungen, bis sie Erfolg haben. Legen Sie einen Grundtext an, den Sie leicht verändern können. Starten Sie immer mit der stärksten Aussage. So bleibt Ihr Briefing, die Geschichte über Sie selber, frisch.

Tipps

→ Lesen Sie das Inserat genau durch und versuchen Sie auch zwischen den Zeilen zu lesen und zu verstehen.
→ Markieren Sie mit einem Leuchtstift wichtige Inhalte.
→ Markieren Sie einen Aspekt, von dem Sie annehmen, er sei der wichtigste.
→ Nehmen Sie leere Kärtchen, auf welchen Sie Ihre Kompetenzen mit den Inserateinhalten zusammenbringen. Notieren Sie Stichworte, die Sie später als Textbaustein verwenden können.
→ Entscheiden Sie, bei welchem Kärtchen Sie das stärkste Argument, das für Sie spricht und das Sie ausmacht, aufgeschrieben haben.
→ Beginnen Sie mit diesem Argument Ihr Briefing.

Das Stelleninserat
Auf diesen Text sind Bewerbende angewiesen, wenn sie ein passendes Briefing vorbereiten möchten. Günstig sind Inserate, die erzählend sind und eine Funktion/Position beschreiben, zum Beispiel etwa so: «Als Projektleiterin betreuen Sie …, koordinieren den Verkauf und sind erste Ansprechpartnerin für die internationalen Kunden. Ihr Englisch ist top, und Sie können Verhandlungen sicher führen. Ideal ist eine Ausbildung/ein Abschluss in oder … .» Eher mager sind Beschreibungen wie diese: «Sie sind sprachgewandt, teamfähig, ehrgeizig … .» Auch für das Stelleninserat gilt der Tipp: Verb vor Adjektiv, Geschichte vor leblosem Begriffe Aufzählen.
Eine beliebte und gute Struktur sieht so aus: Titel, Einleitung, die das Unternehmen vorstellt, Mittelteil, der die Aufgabe beschreibt und das Umfeld skizziert, Fazit mit den Ansprechpartnern und dem Hinweis, wie und auf welchem Weg die Bewerbung erwartet wird. Ein sorgfältig ausgearbeiteter Text mit klaren Positionsbeschreibungen ist für beide Seiten ein Gewinn. Unternehmen sprechen die richtigen Kandidaten an, und Interessenten bekommen ein Bild, zu dem sie etwas zu schreiben wissen.

KAPITEL 3

**Die Bewerbung –
das Projekt in eigener Sache**

Textbausteine

Die folgenden Sätze eignen sich für Ihren Grundtext. Kombinieren Sie, was Ihnen gefällt und Ihnen auch entspricht.

→ Gerne bewerbe ich mich für die Aufgabe/Position/Tätigkeit/Arbeit/Stelle … . Seit vier Jahren bin ich als Verwaltungsmitarbeiterin in St. Gallen tätig und betreue die Gebiete … und … . Eine wichtige Verantwortlichkeit ist die Koordination der Departemente … und … . In Ihrem Unternehmen sehe ich mich als … , weil ich die Ausbildung und Praxis mitbringe. …

→ Ich freue mich auf einen Branchenwechsel. Darf ich ein positives Zeichen erwarten?

→ Mit 46 Jahren wage ich eine berufliche Veränderung, obschon die Tätigkeit als … bei … positiv ist und mich ausfüllt. Ein wichtiger Beweggrund ist mein Wunsch nach einem neuen Tätigkeitsgebiet. Heute konzentriert sich meine Arbeit ausschliesslich auf die Betreuung des Managements. Bei Ihnen sehe ich die Chance, ein Team aufbauen und ein neues Umfeld schaffen zu können. Was befähigt mich zu diesem Schritt? (Kompetenzen, Erfahrungen, Ausbildungen nennen.)

→ Ich hoffe, dass sich mein Traum erfüllt, und danke Ihnen für eine Rückmeldung.

→ Seit 20 Jahren bin ich mit den grossen und kleinen Aufgaben eines Sekretariates vertraut, weiss, wie es ist, wenn mehrere Dinge gleichzeitig wichtig und dringend sind. Mit dieser Routine und Gelassenheit kann ich mir ein Engagement bei Ihnen gut vorstellen. Ich biete Ihnen … und freue mich, wenn mein Verantwortungsbereich etwas grösser wird. Als Assistentin Ihres Ländermanagements würde ich mich sehr wohlfühlen. Ein Gespräch auf Englisch, Französisch oder Italienisch macht mich dank des Sprachdiploms … nicht nervös.

→ Was wünsche ich mir und worauf hoffe ich? Eine Einladung zum Gespräch – ich danke Ihnen.

→ Doppelbelastungen kenne ich als Mutter von zwei fast erwachsenen Kindern und als Teilzeitmitarbeiterin im Weiterbildungssekretariat des Institutes … in Basel.

→ Ich bringe für die Aufgabe interessante Pluspunkte mit, zum Beispiel: …

→ Das Einzige, was mir fehlt, ist Erfahrung in der Gastronomie. Ich bin eine Praktikerin, die sich schnell in ein neues Gebiet einarbeitet.

→ Ich möchte Neues kennenlernen. Bei Ihnen sehe ich die Möglichkeit, meine Stärken einzusetzen. Das biete ich Ihnen: … .

→ Eine gut eingeführte Fachzeitschrift in eine neue Zukunft führen und heutigen Bedürfnissen anpassen – was für eine spannende Aufgabe für eine Journalistin. Das Gesundheitswesen ist seit 15 Jahren mein Spezialgebiet. Zuletzt war ich Redaktorin bei … und suche nun ein Engagement als Redaktionsleiterin. Meine Ausbildung als … und meine Erfahrungen in … lassen diesen Schritt zu.

→ Gerne stelle ich mein Können in den Dienst Ihrer Organisation. Bis bald? Ich bin gespannt auf Ihre Rückmeldung.

→ Gerne komme ich ins Gespräch mit Ihnen. Ich freue mich auf Ihre Nachricht.

Synonyme zum Wort «Stelle»: Aufgabe, Tätigkeit, Engagement, Anstellung, Position, Arbeit, Beschäftigung, Praktikum, Einsatz. Kein heiteres Wortetauschen betreiben. «Tätigkeit», «Arbeit», «Beschäftigung» sind tiefer angelegt als «Position», «Aufgabe», «Engagement». «Einsatz» und «Anstellung» wirken neutral.

Bewerbungsbriefing: Das ganze Bild

Das Briefing gibt dem Bewerbungsdossier eine Stimme und vervollständigt das Bild. Zwischen Anrede und Gruss zeigen sich Menschen mit ihren Formulierungen, Wünschen, mit ihrem Ehrgeiz und ihrem Selbstbewusstsein. Auch bei kompletten Mustervorlagen gilt die Empfehlung, den Text anzupassen. In diesem Teil fehlt der Hinweis «Brief/Briefing/Mikro-Wording», weil die Texte das gleiche Ziel haben. Sie informieren über die Person, die sich bewirbt. Grundsätzlich ist der Begleittext wie ein Briefing zu verstehen.

Kaufmännische Mitarbeiterin: Meine Bewerbung

Sehr geehrte Dame, sehr geehrter Herr

Ihr Inserat in der Berner Zeitung gefällt mir, weil einige meiner Lieblingstätigkeiten darin erwähnt sind und ich die Chance sehe, meinen Abschluss als … einzusetzen.

Während vier Jahren arbeitete ich in Bern für das Unternehmen … und war verantwortlich für den Einkauf sowie die internationale Logistik. Ich spreche und schreibe fliessend Englisch, Französisch und Spanisch. Die Administration habe ich selbstständig geführt und alle Kontakte koordiniert.

Parallel zu meinem Job besuchte ich an der Schule … die Weiterbildung für … . Nach meinem erfolgreichen Abschluss im vergangenen Herbst möchte ich diese Kompetenz einsetzen, was ich mir bei Ihnen sehr gut vorstellen kann. In Ihrem Inserat sprechen Sie Computerkenntnisse an. Ausser … sind mir die Programme vertraut. Am besten kenne ich mich mit … aus und habe bei meinem letzten Arbeitgeber eine interne Softwarelösung erarbeitet und bereitgestellt.

Mein Ziel
Ich möchte eine 80-Prozent-Anstellung, weil ich weiterhin Skitouren – mein liebstes Hobby – im In- und Ausland anbieten möchte.

Ich freue mich auf die Gelegenheit, mich bei Ihnen vorzustellen.

Ich grüsse Sie freundlich.

Name

IN

«Assistentin» und «Mitarbeiterin» klingt besser als «Angestellte». Sprechen Sie Lieblingstätigkeiten genauso an wie Ausbildungen oder Abschlüsse. Auch ein Hobby gehört dazu, wenn es Ihre Bewerbung stärkt. «Ich», «Sie», «wir», «uns» gehören zu einem Dialog und dürfen somit zusammenspielen. Achten Sie einfach auf eine gute Balance oder Verteilung. In einer Bewerbung geht es um Sie, deshalb ist «ich» angemessen.

OUT

Immer nur von einer «Kaufmännischen Angestellten» sprechen. Einen Satz nicht mit «ich» zu beginnen.

Geschäftsführerin von …
Inserat im Internet vom …

Sehr geehrter Herr Meier

In meiner aktuellen Position bei … bin ich als Mitglied der Geschäftsleitung Teil des strategischen und operativen Teams der Verkaufsgruppe. Ich bin für 300 Mitarbeitende in der Schweiz und in Deutschland verantwortlich und begleite seit 2006 verschiedene Veränderungsprojekte, wie zum Beispiel … .
Mein MBA und die Zeit als Beraterin bei … bilden die Basis für mein betriebswirtschaftliches Wissen. In den verschiedenen Positionen bei … und … lernte ich Brücken zu Kunden und internationalen Partnern bauen. Mein Flair für Sprachen – Englisch, Französisch und Spanisch – sind im internationalen Umfeld ein Vorteil.
In Ihrem Inserat beschreiben Sie die Aufgabe als Geschäftsführerin von … . Obschon dieser Bereich neu ist für mich, sehe ich mich als Profi in der Führung, Organisation und im betriebswirtschaftlichen Umfeld.

Gerne engagiere ich mich für Ihr Team und den Erfolg im Markt und danke Ihnen für eine Rückmeldung.

Freundlich grüsst Sie
Name

– Vollständiges Bewerbungsdossier

PS: Am besten bin ich nachmittags erreichbar: +41 79 … .
Oder über E-Mail: … .

IN

Menschen haben Schwächen. Entscheidend ist, wie wir damit umgehen und sie im Beruf oder ganzen Leben integrieren. Kein Mensch ist ohne Makel. Zeigen Sie ihn, erfahrene Personalleute sehen Fehlendes ohnehin.

OUT

Im ersten Satz auf das Inserat eingehen. Im letzten Satz den Konjunktiv verwenden – er wirkt hier zu zurückhaltend.

Abteilungsleiter ... für die Stadt ...

Sehr geehrte Frau Huber

Letztes Jahr schloss ich die Höhere Berufsschule in ... für ... ab. Mein Motiv für diese vierjährige berufsbegleitende Ausbildung ist mein Wunsch, politische, ökologische und betriebswirtschaftliche Anliegen zusammenzubringen. Mit meinem ersten Beruf als ... ist das kaum zu realisieren, allerdings bietet er eine gute Grundlage.
Sie legen im Inserat grossen Wert auf das Verständnis für politische Themen. Seit acht Jahren bin ich Gemeinderat von ... und bin mit der politischen Arbeit vertraut.
Zurzeit befinde ich mich in ungekündigter Stellung. Als Leiter von ... bin ich mit verschiedenen Stadtverwaltungen in Kontakt.
Mir ist Diskretion wichtig. Noch wichtiger ist mir jedoch das Gespräch mit Ihnen. Ich freue mich, wenn Sie mich für einen Termin anrufen.
071 ... oder ein E-Mail schreiben.

Ich grüsse Sie aus ... .

Name

- Dokumentation mit Zeugnissen, Abschlüssen, Lebenslauf

IN

Für viele ist es zu rasant, wenn sie im Fazit schreiben: «Ich freue mich auf Ihre Kontaktaufnahme/Ich freue mich auf das Gespräch mit Ihnen.» Wägen Sie die Tonalität sorgfältig ab. Es geht auch so: «Ich freue mich, wenn Sie mich für ein Gespräch einladen.»

OUT

Das Inserat immer im Titel erwähnen.

KAPITEL 3 — Die Bewerbung – das Projekt in eigener Sache

Bewerbungsbriefing: Das ganze Bild

Projektleiter …

Guten Tag Herr Schmid

Es ist ein Glücksfall, wenn das Profil – wie jenes in Ihrem Online-Inserat – haargenau passt!

Als Elektroingenieur ETH mit 15-jähriger Berufserfahrung bin ich bei … für Führungs- und Projektaufgaben verantwortlich. Zurzeit leite ich in der Schweiz ein Team, das neue Prozesse für … einführen muss und kenne mich daher aus mit … .
In meinem Lebenslauf erkennen Sie eine berufliche Lücke zwischen … und … . Ich nahm mir in diesen Monaten eine Auszeit in Chile. Nach dem langen Mandat «Prozessoptimierung» in Argentinien war mir eine berufliche Pause wichtig.
Nach diesem längeren Boxenstopp begann ich meine Ausbildung zum … und kehrte dafür nach Europa zurück.
Meine Stärken sehe ich in einem internationalen Umfeld. Ich kann pragmatisch entscheiden, unterschiedliche Kulturen sind mir vertraut.
Ich freue mich, wenn meine Bewerbung gut ankommt bei Ihnen und Sie mich für ein Gespräch kontaktieren.

Ich wünsche Ihnen schöne Sommertage und grüsse Sie freundlich.

Name

- Dossier mit folgenden Dateien: Lebenslauf, Diplome, Zeugnisse, Referenzen

IN
Beschreibungen (professionell, gewandt, geradlinig usw.) einsetzen und gleich mit dem Schlusssatz verbinden. «Ich freue mich, wenn Sie diese Eigenschaften in meiner Bewerbung erkennen und mich zu einem Gespräch einladen.»

OUT
Zu viele Adjektive zur eigenen Person. Eigenschaftsbeschreibungen wirken schnell platt oder prahlerisch.

Übersetzerin gesucht?

Sehr geehrte Dame, sehr geehrter Herr

Als ausgebildete Übersetzerin für technische Manuals und Vertragstexte (e/f/i) möchte ich in die Verlagswelt wechseln. Seit über 10 Jahren gehöre ich zum Übersetzerteam von … und betreue umfangreiche Texte für technische Anwendungen in den Bereichen ….

2006 kam eine wichtige Wende in meinem Leben. Ich entschloss mich mit der Höheren Schule für … zu einem Richtungswechsel. Mit dem Diplom in der Tasche möchte ich in die Verlagswelt einsteigen. Gesellschaftliche und politische Aspekte sind mir doch näher als abstrakte Inhalte.
Ich möchte mein Gespür für Sprachen bei Ihnen als Übersetzerin nutzen und Ihre Autoren bzw. Titel sorgfältig betreuen. Auf Ihr Unternehmen bin ich aufmerksam geworden, weil ….
Suchen Sie eine Übersetzerin mit meinen Fähigkeiten? Natürlich freue ich mich auf ein «Ja».

Bis bald und freundliche Grüsse

Name

– Vollständiges Dossier

IN

Mit einer Frage arbeiten im Titel. Im Fazit die Frage noch einmal aufnehmen.

OUT

«Möchte Sie anfragen, ob …». Bei jeder spontanen Bewerbung «Spontan- oder Initiativbewerbung» schreiben.

Sachbearbeiterin 80 Prozent

Sehr geehrte Frau Meier

Vielen Dank für das gestrige Telefongespräch und Ihre Informationen zur Backoffice-Aufgabe. Im Gespräch erwähnte ich meine Zusatzausbildung …. Dank dieser Entwicklung kann ich einem Backoffice-Team viel bieten. Bereits nach der kaufmännischen Grundausbildung bei der Stadtverwaltung … wollte ich weiterkommen und absolvierte in den Jahren … folgende Weiterbildungen:
– Direktionsassistentin mit Abschluss … in Zürich
– Französischdiplom … in Lausanne
– Italienischdiplom … in Rom
– Führungsausbildung in …

Eine wichtige Stärke ist die mehrsprachige Korrespondenz. Mein Ziel oder Traum ist die Leitung eines kleinen Teams.

Ich bin gespannt auf Ihre Rückmeldung – am liebsten per E-Mail oder Handy: ….

Freundliche Grüsse

Name

– Vollständiges Dossier

IN

Abschlüsse oder Ausbildungen wirken in einer Aufzählung prägnant und sind sofort sichtbar. Diese Gestaltung hebt sich visuell ab. Wenn Sie das Telefongespräch erwähnen möchten ohne Zusatzbemerkung, so geht das auch im Schlusssatz: «Ich danke Ihnen für das Telefongespräch vom … und freue mich auf Ihre Antwort.»

OUT

Die drei Schrecklichen zu Beginn: Besten Dank für/Bezug nehmend auf das gestrige …/Gemäss …

Assistentin für Human Resources

Sehr geehrte Frau Müller

Als ausgebildete Kauffrau arbeitete ich bis … in verschiedenen Unternehmen in der Deutschschweiz, vor allem als Assistentin von Bereichsleitern oder im Personalmanagement. Als Familienfrau mit drei Kindern (8, 6, 4 Jahre) strebe ich ein Teilpensum von etwa 40 Prozent an. Bei meinem letzten Arbeitgeber in Zürich war das aufgrund einer neuen Organisation nicht mehr möglich. Seit Anfang Jahr bin ich nun auf Arbeitssuche.

Mein Profil/Mein Angebot
KV-Abschluss bei … im Jahr …
Diverse Weiterbildungen am Institut … in Zürich
Sprachgewandtheit in der Korrespondenz
Keine längeren Arbeitsunterbrüche
Zuverlässigkeit und Sorgfalt

Die Aufgaben in der Familie sind mit meinem Mann und einer Betreuerin gut und sicher organisiert. Ich stelle Ihnen in 40-prozentiger Arbeitszeit 100-prozentigen Einsatz zur Verfügung.
Ich freue mich auf ein Kennenlern-Gespräch und grüsse Sie freundlich.

Name

– Bewerbungsdossier

IN

«Mein Angebot» ist ein guter Zwischentitel vor Aufzählungen. In dieser Aufzählung verbinden Sie «harte» (Ausbildung, Diplome) und «weiche» (Kompetenzen, Persönlichkeit) Fakten. Bleiben Sie im Wording schlicht.

OUT

Arbeitslosigkeit umständlich ansprechen oder Rechtfertigungen suchen. Zu überschwänglich werden: «Ich bin topmotiviert und voll arbeitsfähig …»

Assistenz Geschäftsleiter

Sehr geehrter Herr Huber

Ich bin 25 Jahre alt und Absolvent der Zürcher Fachhochschule … .
In Ihrem Online-Inserat vom … sprechen Sie die Schwerpunkte Organisation und Kommunikation an. Meine Praktikumseinsätze, zuletzt bei
… in Zug, lehrten mich den Umgang mit internationalen Kunden und
die Organisation von IT-Kongressen. Ich spreche und schreibe fliessend
Englisch, mein Französisch ist mündlich und schriftlich akzeptabel.

Nach meiner kaufmännischen Lehre wählte ich die Fachhochschule als
Grundlagenstudium, das mir mehr Türen in der Berufswelt öffnen soll.
Als junger Berufsmann freue ich mich auf Chancen und Möglichkeiten,
zu lernen.

Sie erreichen mich ganz einfach auf dem Handy: +41 78 … .

Name

PS: Es ist für mich kein Problem, nach Bern zu pendeln
oder den Wohnort zu wechseln.

IN

Entscheiden Sie selber, ob Sie Ihr Alter im Briefing verraten möchten. Bei jungen Bewerbenden kann das sympathisch sein oder wichtig, wenn im Inserat das gewünschte Alter ein wirklich wichtiges Kriterium ist.

OUT

Zu jugendlich einsteigen: «Freuen Sie sich – hier kommt Ihre motivierte Assistenz…» /«Auf mich haben Sie gewartet …»/«Ich bin Ihre Fachfrau.»

Praktikum als Onlineredaktor

Guten Tag

Ein knappes Jahr vor dem Mittelschulabschluss sind Berufswahl oder Studienrichtung aktuell. Für mich sind die visuelle Kommunikation und die Sprache im Internet sehr wichtig. Bereits als 13-jähriger Schüler gestaltete ich Webseiten für Kollegen und befasste mich später auch mit dem Texten. Heute verbinde ich beides: Bild und Sprache.

Aus meinem Hobby soll mein Beruf werden. Im Internet – wo sonst! – bin ich auf Sie aufmerksam geworden. Besonders interessant für mich ist Ihre Lernplattform «Onlineredaktor». Sie begrüssen Experimente und möchten Alternativen zu bestehenden Konzepten prüfen. Genau diese «erste Berufserfahrung» bringe ich mit und möchte bei Ihnen als Praktikant einsteigen.

Gibt es eine Chance für mich?

Ich grüsse Sie freundlich.

Name

IN
Information vor Formalität. Texte, die authentisch wirken und zum Alter passen, kommen gut an. Besonders bei spontanen Bewerbungen ist auch die Anrede «Guten Tag» in Ordnung. Sie signalisiert eine erste Kontaktaufnahme, ist unkompliziert und angemessen.

OUT
Zu geschliffene Texte und solche, die von der halben Verwandtschaft mitformuliert wurden.

Leiter Verkaufsteam Deutschland

Sehr geehrter Herr Huber

Ich bringe Branchensicherheit und Auslanderfahrung mit und freue mich schon heute auf das Gespräch mit Ihnen.
Bei … leite ich die Medizintechnik in der Schweiz und in Deutschland.
Ab … sollte ich in England den neuen Standort aufbauen und leiten. Da mich aus familiären Gründen ein Wechsel nach Manchester nicht anspricht, halte ich nach Lösungen in Deutschland Ausschau.

Meine Qualifikationen
- 2003 Abschluss als …
- 2005 Abschluss als Personalleiter
- 2006–2007 Studium der Betriebswirtschaft in Berlin
- Seit 2007 Leitung des Verkaufsteams Medizintechnik mit hoher Personal- und Budgetverantwortung

Meine Ziele
Ich möchte ein verkaufsstarkes und sympathisches Team in der Medizintechnik aufbauen.
In der Medizintechnik bin ich seit mehreren Jahren zu Hause und kenne die Partner im Geschäft.

Freundliche Grüsse

Name

PS: Von … bis … bin ich den Ferien. Bitte hinterlassen Sie mir Ihre Nachricht auf der Combox – ich rufe Sie zurück. Vielen Dank!

– Dossier mit allen Unterlagen

IN

Den Dank für das Gespräch oder die Freude darauf auch mal an den Anfang setzen. Etwas keck zwar, aber vielleicht passt es. Längere Texte auch mit Zwischentiteln gliedern, sie verstärken den Briefingcharakter.

OUT

Die Vorstellung, nicht mit «Ich» oder «Wir» beginnen zu dürfen.

Produktmanager(in)

Ein gut eingeführtes Produkt in eine (neue) Zukunft führen und heutigen Bedürfnissen anpassen – was für eine tolle Aufgabe!

Guten Tag Frau Muster

Als Produktmanagerin u.a. bei den Firmen … habe ich schon einige Relaunchs durchgeführt, zuletzt mit …, das heute in Asien fest etabliert ist. Ein Schwerpunkt bei meiner derzeitigen Arbeitgeberin, der …, ist die Entwicklung von … für neue Märkte.
Mich reizt die Möglichkeit, internationale Teams zusammenzubringen und daraus für Europa ein neues Produktedesign zu lancieren; das ist es, was ich besonders gut kann. Weniger gut bin ich in Routinegeschäften am immer gleichen Standort. Mit 35 Jahren reise ich gerne und bin privat sehr flexibel.

Meiner Arbeit schenke ich mein ganzes Engagement und bringe Fachkompetenz mit, zum Beispiel einen Abschluss in/als ….

Neue Menschen, neue Aufgaben, neue Ziele – das wünsche ich mir.

Bis bald? Ich freue mich darauf.

Name

IN
Ein Gedanke oder Stichwort kann als zweiter Titel stehen und damit Blickfang sein. Im Schlusssatz darf es auch einmal anders sein ….

OUT
Die Vorstellung, einen Text immer mit der Anrede beginnen zu müssen.

KAPITEL 3 — Die Bewerbung – das Projekt in eigener Sache — Bewerbungsbriefing: Das ganze Bild

Aufbruch

Sehr geehrter Herr Lang

Ich danke Ihnen für das längere Gespräch von heute Vormittag. Meine Arbeit als Kundenberaterin macht mir Freude, das Salär stimmt, die Kunden auch. Was will ich mehr? Am Telefon erwähnte ich die heikle Situation mit unserer Geschäftsleitung.
Da mir der Weg zu einer Führungsaufgabe (im Moment) versperrt ist, wünsche ich mir einen Wechsel.
Für diese Veränderung nehme ich auch einen neuen Wohnort in Kauf, obschon sich mein privates Umfeld in Zürich befindet.
Die Aufgabe als ... bei Ihrem Mandanten in Genf ist sehr reizvoll für mich und passt zu meinem Werdegang. Und endlich kann ich meine Zweisprachigkeit einsetzen.

Ich freue mich, wenn es klappt und Sie mich Ihrem Mandanten vorstellen.

Bis bald und freundliche Grüsse

Name

– Vollständiges Dossier (3 PDF-Dateien)

IN

Mit Personalberatern sind offene Gespräche oft leichter als mit Unternehmen. Sprechen Sie Unstimmigkeiten an. Nutzen Sie anspruchsvolle Lebensphasen für eine Entwicklung. Sie werden auch an Ihrer Fähigkeit, Schwieriges zu meistern, gemessen. Die No-Problem- und bruchstellenfreien Lebensläufe sind nicht realistisch und machen Profis misstrauisch.

OUT

Schwieriges verbergen wollen oder zu stark zwischen den Zeilen schreiben.

Fragen und Antworten

Was muss ich bei der Bewerbungsmappe berücksichtigen?
Ganz einfach: Sie muss gut aussehen und leicht zu «bedienen» sein. Übersicht ist mehr als ausgetüftelte Gestaltung.

Braucht es immer eine Fotografie?
Das Foto gehört zum Lebenslauf und nicht zum Begleitbriefing. Manchmal wird eines verlangt, oft aber auch nicht. Das Foto soll Sie natürlich zeigen und keine Kunstaufnahme sein. Freizeitbilder hingegen sind nicht geeignet. Auch hier gilt der Grundsatz: authentisch bleiben.

Wie ist ein aktueller Lebenslauf gestaltet?
Das Internet bietet sehr viele Möglichkeiten und Varianten zur Lebenslaufgestaltung. Beachten Sie: Weniger ist mehr. Die Gestaltung hilft dem Inhalt. Wenn sie ihn dominiert oder sogar zur Seite drängt, wirkt das negativ oder störend. Eine gute Gestaltung, viel Luft, klare Titel, gleiche Schrift, wenig fett, Flattersatz begleitet den Inhalt. Im Trend liegen chronologische Lebensläufe, weil sie sich einfach lesen lassen.

Wie kann ich meinen Lebenslauf aufwerten?
Indem Sie wichtige Fähigkeiten, die zur angestrebten Position passen, inhaltlich hervorheben. Profis achten im Lebenslauf auf Stichworte/Kernbotschaften, die für ihre Suche wichtige Kriterien sind.

Wie gehe ich mit Lücken um?
Kein Mensch ist vollkommen, und nicht immer läuft alles nach Plan. Erwähnen Sie die Brüche und Lücken ebenso wie die ruhmreichen Stationen. Machen Sie es zum Beispiel so: «Januar 2008 bis September 2008 – Auszeit in Australien mit Reisen. Die Monate weit weg von zu Hause waren wichtig für meine berufliche Neuorientierung.»

Sind Online-Bewerbungen heute erfolgreicher als traditionelle?
Das Internet ist eine beliebte und häufige Bewerbungsplattform. Gehen Sie aber auch im Netz mit Sorgfalt vor und bewerben Sie sich nicht überall oder verknüpfen sich mit möglichst vielen Menschen. Nach dem «Senden» verlieren wir die Kontrolle über Nachrichten.
Verschiedene Internetplattformen wie zum Beispiel Xing bieten oft interessante Netzwerkmöglichkeiten an. Wer allerdings überall und immer als «Netzwerker» auftaucht, wirkt unglaubwürdig. Schützen Sie gerade im Internet Ihre persönlichen Daten. Bei Xing ist es üblich, erste Kontakte über berufliche Schwerpunktthemen zu knüpfen, um dann die weiteren Kontakte Schritt für Schritt auszubauen.

Bewerbungsmanagement für Unternehmen: Professionell und menschlich

Bewerbende geben sich – in der Regel – Mühe mit ihrem Dossier, legen einiges offen, auch private Themen. Unternehmen – auch hier gibt es Ausnahmen – gehen pragmatisch vor, entwickeln Standardvorlagen für den gesamten Bewerbungsprozess wie zum Bespiel Bestätigungsbriefe, Einladungen zum Vorstellungsgespräch und Absagen. Dieser Teil gibt Personalleuten Ideen.

KAPITEL 3 Die Bewerbung –
das Projekt in eigener Sache

Die Automatenstimme bei Absagen

Die Texte aus den Personalbüros könnten etwas Frischluft vertragen, wie es die Automatenstimmen-Beispiele zeigen. Absagebriefe geben am meisten zu reden, weshalb sie hier als Erstes behandelt werden. Gerade bei schwierigen Nachrichten ist eine sorgfältige Sprache wichtig, denn sie prägt ein starkes und oft bleibendes Fremdbild.

Wir beziehen uns auf Ihre Bewerbung und danken Ihnen für das Interesse.

Kommentar — Ein farbloser Einstieg, der die Frage offen lässt: Was kommt als Nächstes?

Idee — Ihre Bewerbung haben wir gerne gelesen – vielen Dank für das Dossier.

Besten Dank für die Zustellung Ihrer Unterlagen. Ihr Vertrauen hat uns sehr gefreut.

Kommentar — «Besten» ist abgegriffen und «Zustellung» ein überflüssiges Wort. «Vertrauen» kann sich entwickeln, ist hier zu früh. Ausserdem wirkt das Perfekt mit «hat» vergangen.

Idee — Ihre Bewerbung ist ansprechend und gut gestaltet – Kompliment. Allerdings suchen wir für …

Ihre Unterlagen haben wir eingehend und mit grossem Interesse geprüft. Leider müssen wir Ihnen mitteilen, dass wir Sie nicht berücksichtigen können. Wir bedauern, keinen besseren Bescheid geben zu können, und wünschen Ihnen beruflich alles Gute.

Kommentar — Der erste Satz wirkt mit «eingehend» und «grossem» übertrieben, zumal ohne Begründung abgesagt wird. Aus Sicht des Unternehmens eine gute Form, die Nachricht zu überbringen. Für den Leser ist die Situation weniger gut, ihm fehlen Informationen. «Wir bedauern…» ist ein mangelorientierter Schluss und zudem total abgegriffen. Wünschen wir einem Menschen nur «beruflich» alles Gute?

Idee — Absagen sind immer unangenehm. Dennoch wünschen wir Ihnen alles Gute und viel Glück.

KAPITEL 3	Die Bewerbung – das Projekt in eigener Sache

Die Automatenstimme bei Absagen

	Wir möchten es nicht unterlassen, für die Arbeit, die Sie in die Bewerbung investiert haben, zu danken.
Kommentar	Die Aussage beginnt mit einer Negation «nicht unterlassen». Schreiben wir das, was wir sagen möchten. Zudem wirkt der Satz mit Einschub umständlich.
Idee	Ihr Einsatz für diese Bewerbung fällt positiv auf. Wir wünschen Ihnen, dass Sie bald Glück haben/dass es beim nächsten Anlauf klappt.
	Wir hoffen, dass Sie bald eine Ihnen zusagende Stelle finden werden, und senden Ihnen die Unterlagen anbei zurück.
Kommentar	Die Wendung wirkt zu kollektiv, eine persönliche Note fehlt. Im gleichen Satz die Rücksendung der Unterlagen erwähnen wirkt abfertigend – «der Nächste bitte!».
Idee	Auf der Suche nach einer neuen Aufgabe braucht es Geduld und etwas Glück. Wir wünschen Ihnen einen baldigen Erfolg.
	Für Ihre Bewerbung und das kürzlich geführte interessante Gespräch bedanken wir uns noch einmal herzlich.
Kommentar	Zu umständlich mit «geführte», «interessante».
Idee	Wir danken Ihnen für das Gespräch. Alles Gute für Sie.
	Ihr Interesse an der ausgeschriebenen Stelle hat uns sehr gefreut.
Kommentar	«Hat gefreut» ist alt und «ausgeschriebene Stelle» bürokratisch.
Idee	Ihr Interesse/Ihre Bewerbung freut uns.

Leider verfügen Sie nicht über genügend Erfahrung. Deshalb können wir Sie nicht weiter berücksichtigen.

Kommentar   «Leider» auf der Sachebene ist ungünstig, der Kandidat bekommt einen Vorwurf. Fehlende Qualifikationen sollten feststellend und nicht bewertend ausgedrückt werden.

Idee   In Ihrer Bewerbung fehlt eine/die für uns wichtige Qualifikation.

Absagebriefe: Achtsam Nein sagen

Negative Nachrichten sind schwierig, kaum jemand schreibt gerne Unangenehmes. Persönliches wagen und nicht zu nahetreten ist eine der schwierigsten Kommunikationsaufgaben überhaupt. Kein persönliches Wort führt zu Kälte und Distanz, zu viel Nähe zu einem Unbehagen auf beiden Seiten. Hier befinden wir uns auf der Grenzlinie Professionalität und Menschlichkeit. Ein Patentrezept gibt es nicht, dafür gute Fragen, die zu besseren Formulierungen führen. Was ist meine Botschaft? Wie möchte ich verstanden werden? In welcher Beziehung stehe ich zum Empfänger?

Absage ohne Begründung

Vielen Dank für Ihre Bewerbung vom …

Sehr geehrte Frau Muster

Für die Position Produktmanagerin konnten wir bereits eine Wahl treffen und eine passende Kandidatin engagieren.
Wir wünschen Ihnen alles Gute und grüssen Sie freundlich.

Name/Namen

IN

Beziehungen sind unterschiedlich. Wo kein persönlicher Kontakt besteht, ist die Botschaft ebenso neutral wie kurz. Absagen ohne Begründung sind schwieriger als solche mit Hinweisen. Bleiben Sie wertfrei (kein «leider» oder «bedauern»). Die Rücksendung des Bewerbungsdossiers erwähnen wir nicht im Text, sondern als Hinweis nach dem Gruss (– Ihr Dossier/ – Bewerbungsunterlagen)

OUT

Die unangenehme Nachricht dick einpacken und erst im Schlusssatz die Absage formulieren. Viel schreiben und doch nichts verraten ist nur aufwendig für die Unternehmen und ärgerlich für den Empfänger.

Absage ohne Begründung

Mitarbeiterin Innendienst

Guten Tag Frau Muster

Ihre Bewerbung haben wir uns gerne angesehen. Teilzeitstellen im Innendienst sind beliebt, die Bewerbungen zahlreich. Wir konzentrieren uns nun auf Personen, die unserem Profil möglichst genau entsprechen.

Wir danken Ihnen für das Engagement und wünschen Ihnen einen baldigen Erfolg.

Freundliche Grüsse

Name/Namen

IN
Die Anrede darf persönlich sein. Sie passt zum Unternehmen, möglichst zum Empfänger und auch ein wenig zum Inhalt.

OUT
Die alte Wendung «Ihre Bewerbung ist leider nicht dabei», «leider» und «bedauern» gehören nicht auf die Sachebene. Zudem sind die Worte – seit Jahrzehnten im Dauereinsatz – nicht mehr stark.

Absage ohne Begründung

Controller

Sehr geehrter Herr Meier

Vielen Dank für Ihre Bewerbung. In unserem Unternehmen gilt der Grundsatz, dass wir Absagegründe nicht schriftlich mitteilen. Wenn Sie ein Gespräch oder eine Rückmeldung wünschen, wenden Sie sich bitte an Frau … (044 …).

Alles Gute für Sie und freundliche Grüsse

Name/Namen

IN

Sagen Sie dem Empfänger, was er wissen darf. «Wir informieren nicht schriftlich über Absagegründe.» Wenn allerdings eine Person mit Telefonnummer genannt wird, muss sie auch wirklich als Gesprächspartnerin erreichbar und kompetent sein. Nicht jede Personalabteilung kann diesen Service bieten.

OUT

Klare Aussagen vermeiden. Viel schreiben, nichts sagen.

Absage mit Begründung

Assistentin Geschäftsleitung

Sehr geehrte Frau Huber

Unsere Wunschkandidatin für die Geschäftsleitung stellen wir uns mit einer Ausbildung als … und Erfahrung in … vor. Ausserdem legen wir Wert auf einwandfreie französische Korrespondenz.
Auch wenn Sie nicht in die engere Wahl kommen, ist es uns wichtig, Ihnen für die ansprechende Dokumentation und Ihr Engagement zu danken.
Was wünschen wir Ihnen? Viel Erfolg und Glück – alles Gute.

Freundlich grüssen Sie

Name/Namen

Absage mit Begründung

Unser Entscheid

Sehr geehrter Herr Meier

Ihr Lebenslauf ist beeindruckend, Ihr beruflicher Einsatz gefällt uns. Und doch: Unser neuer Leiter Marketing braucht internationale Erfahrung, am besten in der Industrie.
Beruflich und privat wünschen wir Ihnen viel Erfolg und alles Gute.

Wir grüssen Sie freundlich.

Name/Namen

IN
Gutes und Schwieriges zusammenbringen. Mehr davon sprechen, was man sich wünscht.

OUT
Aussagen, die nicht konkret sind.
Das Gegenüber mit «leider» bewerten.

Absage mit Begründung

Mitarbeiterin Telefondienst/Zentrale

Sehr geehrte Frau Meier

Oft erfährt man in einem Gespräch viel Wertvolles und mehr, als im Lebenslauf oder Begleitbrief steht.
Dennoch müssen wir auch aus Zeitgründen eine Beurteilung vornehmen. Ihre Bewerbung ist nicht ideal für uns, weil wir am Telefon eine Mitarbeiterin brauchen, die mehrere Sprachen spricht, vor allem Italienisch und Französisch. Positiv fallen uns Ihre guten Zeugnisse der letzten Arbeitsstellen auf.
Wir wünschen Ihnen, dass Sie bald eine Zusage bekommen, und grüssen Sie freundlich.

Name/Namen

IN

Sich Zeit lassen für ein paar Zeilen. Auf die Balance achten: Negatives mit Positivem verknüpfen. Wenn es wirklich «leid tut», so braucht es eine Formulierung, welche dieser Absicht gerecht wird. Meinen können wir noch viel, wir müssen es auch ausdrücken können.

OUT

Wertschätzung mit «leider» und «bedauern» ausdrücken. Eine «Es-tut-uns-leid-Stimmung» aufkommen lassen. Das ist «teflonbeschichtete Konservenempathie».

Absage nach einem Gespräch

Mitarbeiterin Finanzabteilung

Grüezi Frau Meier

Im Gespräch vom letzten Donnerstag haben wir über die Aufgaben in der Finanzabteilung gesprochen. Für uns ist klar geworden, dass wir den Aspekt … mehr gewichten als Erfahrung in … . Sehr positiv angekommen sind hingegen Ihr Können und Ihr Erfolg bei der Neuorganisation des Finanzressorts bei Ihrem letzten Arbeitgeber.
Auch wenn wir uns für eine andere Kandidatin entscheiden, beeindrucken uns Ihre Professionalität und Ihre Qualität.

In diesem Sinn danken wir Ihnen für Ihren Einsatz und Ihren Besuch bei uns.

Alles Gute für Sie.

Freundlich grüsst Sie

Name

IN
Menschlichkeit und Professionalität verbinden. Absagen mit Qualitäten und positiven Punkten verknüpfen. Die Anrede passend zum Unternehmen und zum Gespräch wählen. Es muss nicht immer «Sehr geehrte …» sein.

OUT
Die Leserin warten lassen. Mit «leider» und «bedauern» einer qualifizierten Aussage ausweichen.

Absage nach einem Gespräch

Unternehmenskommunikation

Guten Tag Herr Huber

Vielen Dank für das Gespräch bei uns in Zürich. Ihre Bewerbung war vielversprechend. Das, was Sie mitbringen für die Unternehmenskommunikation, passt zum Profil. Dennoch hatten wir in der Unterhaltung den Eindruck, dass unsere und Ihre Vorstellungen nicht zusammenpassen. Wir konzentrieren uns auf den Schweizer Markt, Sie streben langfristig eine internationale Tätigkeit an. Deshalb sehen wir davon ab, Ihnen ein Angebot vorzustellen.

Wir wünschen Ihnen alles Gute und viel Erfolg.

Freundliche Grüsse

Name

IN
Auch «weiche» Faktoren wie Eindrücke, Einschätzungen angemessen ansprechen. Im Schlusssatz geht auch eine Frage: «Was wünschen wir Ihnen? Glück und Erfolg.»

OUT
Nicht zur Sache kommen.

KAPITEL 3

Die Bewerbung –
das Projekt in eigener Sache

Einladungsbriefe: Ein erstes Ja

Schliessen wir das grosse Kapitel Bewerbung mit einer positiven Botschaft. Meistens erhalten Bewerbende zuerst einen Anruf, darauf folgt die schriftliche Bestätigung. Ein paar Anregungen.

Unser Gespräch

Sehr geehrter Herr Meier

Frau Marta Muster, Personalleiterin Europa, freut sich auf das Gespräch mit Ihnen.

Donnerstag, … , 14.00 bis 15.15 Uhr.

Ein reservierter Parkplatz steht Ihnen gleich neben dem Haupteingang zur Verfügung (siehe Anfahrtsplan).

Bis bald in Zürich und freundliche Grüsse

Name

Vorstellungsgespräch

Guten Tag Frau Huber

Herr Max Beispiel, Leiter Personal Region Zentralschweiz, erwartet Sie am Montag, …, um 10.15 Uhr. Das Gespräch dauert etwa eine Stunde.

Vom Bahnhof bringt Sie die Buslinie 4 in wenigen Minuten zu unserem Regionalsitz an der Seestrasse 5.

Wir freuen uns, Sie kennenzulernen, und grüssen Sie nach Zug.

Name

Unser Anruf von heute Vormittag

Liebe Frau Meier

Unser Gespräch findet am Dienstag, ..., um 16.00 Uhr bei uns in Olten statt. Wir möchten uns etwa eine Stunde Zeit nehmen, Sie kennenzulernen. Frau Anna Muster, Leiterin Backoffice, ist ebenfalls dabei.

Ich freue mich auf eine gute Unterhaltung und grüsse Sie freundlich.

Name

PS: www. ... zeigt Ihnen den schnellsten Anfahrtsweg.

IN

Praktizieren Sie – und das gilt nicht nur fürs Bewerbungsmanagement – «sprechen vor schreiben». Mündlich lässt sich vieles besser klären. Die Bestätigung (Mail/Brief) ist somit kurz.
Und schreiben Sie so, dass sich Bewerbende auf die Unterhaltung mit Ihnen freuen.

OUT

«Bitte melden Sie sich am Empfang, Sie werden abgeholt», klingt etwas ältlich und ist überflüssig. Die meisten Leute wissen, dass sie sich beim Empfang melden, sofern nichts anderes vereinbart ist. Zudem ist das Passiv «werden abgeholt» unpassend und klingt etwas technisch.

KAPITEL 3

Die Bewerbung – das Projekt in eigener Sache

Top-Tipp

Jein (klare Aussagen) Zwischentöne – zu viele und am falschen Platz – schaden dem Verständnis. Bemühen Sie sich um klare Aussagen. Heikel ist zum Beispiel das Wort «grundsätzlich», weil es ein «aber» nach sich zieht. Wenn wir grundsätzlich mit etwas einverstanden sind, müssen wir auch die Einschränkung transparent machen. Unnötig sind Ausdrücke wie «gewissermassen», «unter Umständen» oder «sozusagen».

Konjunktiv «Lass uns in den Möglichkeiten leben!» Dieser Ausspruch eines Seminarteilnehmers gefällt mir, grundsätzlich. Wo ist das Aber? Der Konjunktiv schwächt Anliegen ab. Manche Korrespondenten trauen sich nicht zu schreiben: «Wir freuen uns auf Ihren Auftrag.» Bevor Sie «wir würden uns freuen» schreiben, versuchen Sie es so: «Was wünschen wir uns? Ihre Zusage.» Der Konjunktiv ist da richtig, wo es wirklich um Möglichkeiten geht. «Die Entwicklung ... wäre enttäuschend für uns.» Pflegen Sie achtsamen Klartext.

Persönlich Ein Brief wirkt dialogorientiert, wenn sich der Sender einbringt, sich zeigt. Wichtig ist das Gespür für passende Nähe und Distanz. Tipp: Zwei Drittel Sie – ein Drittel Wir/Ich.

4

KAPITEL 4

Die heissen Eisen

Wenn es ernst wird, wirkt auch die Sprache entsprechend. Nachrichten von Behörden, Verwaltungen oder internen Stellen sind oft verkrampft. Die heissen Eisen sind nicht harmlos, sie können das Image gefährden oder die Beziehung stören. Es braucht Fingerspitzengefühl für alles Zwischenmenschliche, sprachliche Souveränität und manchmal einen Sinn für das Ungewöhnliche, den Humor zum Beispiel. Ihn vergessen wir gerne. Es gibt Möglichkeiten für den freundlichen Klartext und die achtsame Direktheit. Dieses Kapitel macht auf Stolpersteine aufmerksam und zeigt Chancen für unliebsame Momente – die heissen Eisen dürfen kühler werden.

Die 10 häufigsten Fehler

1. Negative Sprache, Problemsicht.
2. Beharrung und Rechthaberei.
3. Dirigieren, drohen, Schuldzuweisungen.
4. Sich nicht in die Lage des anderen versetzen, fehlende Empathie.
5. Von oben herab, keine Dialogbereitschaft.
6. Hölzerne und bürokratische Sprache.
7. Unbeholfene, flapsige Formulierungen.
8. Defensiv schreiben, keine Lösungsansätze.
9. Zu viel Betroffenheit, keine Distanz.
10. Standardvorgehen, fehlende Interventionsmöglichkeiten.

Amtlich korrespondieren ohne Bürokratie

Behörden und Verwaltungen sind in einem amtlichen Auftrag unterwegs, den sie erfüllen müssen und wahrnehmen dürfen. Die amtliche Sprache soll nicht bürokratisch wirken und so zu einem negativen Fremdbild führen. In Verwaltungen sollten Juristen die Rahmenbedingungen setzen und Kommunikatoren die kundenorientierte Übersetzung gewährleisten. Wenn eine Nachricht juristisch korrekt ist und leicht verstanden wird, haben beide Seiten hervorragende Arbeit geleistet. Wo liegen die Unterschiede zwischen bürokratisch und amtlich?

Was macht amtliche Texte bürokratisch und schwerfällig?

→ Unternehmen/Autoren schauen auf sich und ihre (persönlichen) Anliegen (Eigensicht).
→ Das Gesetz wird zitiert, Erklärungen fehlen.
→ Verteidigende Sprache und Gesetzesartikel am Anfang des Satzes: Gemäss Art. …/Laut KVG/Gestützt auf Art. … teilen wir Ihnen mit, dass … .
→ Passive Sprache (es konnte festgestellt werden, dass …).
→ Sache vor Mensch.
→ Immer gleiche Wendungen und Worte (Konservensprache).
→ Langeweile (Text ist wichtig, aber reizlos formuliert).
→ Empfänger, Empfängerin wird verwaltet und dirigiert (Sie haben zu retournieren.).
→ Abstrakte Begriffe, schwerfällige, leblose Worte.

Was macht amtliche Texte leicht und kundenorientiert?

→ Unternehmen setzt sich mit seinem Auftrag und dem Anliegen der internen/externen Kunden auseinander. Es sucht eine Sprache, die diesem Auftrag gerecht wird.
→ Partnerschaftlichkeit und gute Begründungen vor Beharrung und Rechthaberei.
→ Einfache und sachliche Sätze – mehr feststellen, weniger bewerten. (Nicht so: Leider haben Sie den Bericht noch nicht eingereicht. Sondern: Der Bericht ist noch nicht bei uns eingetroffen.).
→ Mensch vor Sache, Information vor Gesetz. Gesetzesartikel am Schluss des Satzes in Klammern setzen (Art. 25…).

→ Wortvielfalt und situative Sprache – mehr Flexibilität.
→ Aktiv – wer macht was? Transparent schreiben.
→ Leicht und einfach formulieren: Verben statt Nomen, höchstens 15 Wörter pro Satz.
→ Fragen stellen für mehr Anregung im Text.
→ Sichtwechsel – beim Denken, Schreiben und Sprechen die Sicht der Zielgruppe einnehmen und verstehen (Was brauchen meine Leserinnen und Leser?).

Weisungen: Ersuchen ist nicht besser als bitten
Weisungen und Anleitungen klingen oft passiv und technisch: «Die Regeln sind anzuwenden.», «Das Sicherheitskonzept ist durch die Mitarbeitenden einzuhalten.», «Die Zahlung ist zu leisten bis …», «Es gilt jeweils abzuklären, ob …»
Das Neuformulieren von Weisungen gibt viel zu reden, denn wir verlassen eine sehr vertraute Tonalität. Ich spreche dieses Thema immer dann an, wenn ich Rückmeldungen dieser Art bekomme: «Die Leute fühlen sich nicht angesprochen. Gesprächspartner sind unfreundlich, am Telefon und im direkten Kontakt. Wir erleben Widerstand anstelle von Kooperation.» Zugegeben, wer im amtlichen Auftrag agiert, hat mit überdurchschnittlich unliebsamen Kontakten zu tun. Und genau deshalb ist es so wichtig, mit der Sprache möglichst viel Gutes zu tun. Weisungen – neu betrachtet – funktionieren auch so:
→ Wenden Sie die Regeln ab Juli 2010 an.
→ Alle Mitarbeitenden müssen das Sicherheitskonzept kennen und anwenden.
→ Die Zahlung erwarten wir bis … ./Bitte überweisen Sie den Betrag bis … .
→ Die Projektleiter klären jeweils vor … ab, ob … .

Weisungen und Verordnungen haben ihre Berechtigung. Gute «Übersetzer» achten auf ein paar einfache Regeln: Direkte Ansprache vor Passiv und Plural. Mehr Information, weniger Appell. Freundliche Grundstimmung vor Ruppigkeit.

KAPITEL 4 **Die heissen Eisen**

Die Automatenstimme bei heissen Eisen

Bei unangenehmen Botschaften legen Leserinnen und Leser oft jedes Wort in die Waagschale: «Wie reden die eigentlich mit mir!» Es lohnt sich, den Schelteton zu prüfen, einen Gang runterzuschalten und etwas gelassener zu formulieren.

Wir müssen feststellen, dass die Fahrräder im allgemeinen Fahrradraum beschädigt werden. Mit diesem Schreiben fordern wir Sie auf, dies umgehend zu unterlassen.

Kommentar — Der Start mit «Wir müssen feststellen, dass …» wirkt säuerlich und ist überflüssig. Zudem wird hier verurteilt – ein heisses Eisen.

Idee — In unserer Liegenschaft/unserem Geschäftsgebäude werden immer wieder Fahrräder beschädigt. Bitte helfen Sie mit, dies zu vermeiden. Schliessen Sie die Türen zu … immer ab. Vielen Dank.

In der Beilage erhalten Sie ein Exemplar der Hausordnung. Wir bitten Sie, sich umgehend an die Regeln zu halten und sich diskreter zu verhalten.

Kommentar — Übermässig scharf.

Idee — Die Hausordnung ist für alle verbindlich. Bitte halten Sie sich daran.

Wir hoffen, dass wir auf weitere Massnahmen verzichten können.

Kommentar — In diesem Schlusssatz spricht das Unternehmen über sich, der Empfänger bleibt draussen.

Idee — Massnahmen sind für Sie und für uns umständlich. Wir möchten darauf verzichten – bitte machen Sie mit.

KAPITEL 4 — Die heissen Eisen — Die Automatenstimme bei heissen Eisen

	Sie haben Ihr Mietobjekt auf den … gekündigt. Mit unserem Bestätigungsschreiben erhielten Sie das Formular «Angaben zum Wohnungswechsel», welches Sie bis heute nicht zurückgeschickt haben.
Kommentar	«Sie haben, Sie haben, Sie haben …» sind Fingerzeige.
Idee	Bitte senden Sie uns das Formular … in den nächsten Tagen zurück. Wir brauchen es für … .
	Wir mussten erfahren, dass aus Ihrer Wohnung über die Feiertage übermässig laute Geräusche gedrungen sind. Wir fordern Sie auf, die Hausordnung zu beachten und zu respektieren. Besten Dank.
Kommentar	«Besten Dank» könnten wir gleich weglassen. Die Aussage ist ärgerlich, weil der Leser die Informationsquelle nicht erfährt: Wer beobachtet mich …!? Ausserdem ist bei einer einmaligen Störung eine schriftliche Mahnung nicht angemessen.
Idee	Musik, laute Schritte und Gespräche, Lärm – Menschen reagieren unterschiedlich auf Geräusche. Die Hausordnung nennt ein paar wichtige und verbindliche Regeln.
	Auf Grund von Reklamationen haben wir erfahren, dass Sie ausser an Ihrem zugeteilten Waschtag auch immer wieder an anderen Tagen waschen. Wir weisen Sie darauf hin, dass Sie bitte nur an Ihrem zugeteilten Waschtag waschen und sich an die allgemeine Hausordnung halten.
Kommentar	Hier wird jemandem der Pelz gewaschen.
Idee	Wenn Sie einen anderen Waschtag wünschen, sprechen Sie sich bitte mit Ihren Nachbarn ab. Missverständnisse verursachen oft unnötigen Ärger.

	Bei unserer heutigen Stichkontrolle mussten wir leider feststellen, dass Ihr Fahrzeug ohne Firmenparkkarte auf unserm Grossparkplatz steht. Wir möchten Sie darauf hinweisen, dass dies nicht erlaubt ist, und bitten Sie unverzüglich, die Parkkarte gut sichtbar hinter der Frontscheibe zu platzieren.
Kommentar	Auch hier war jemand unartig. Das Wörtchen «leider» verstärkt die ungünstige Tonalität zusätzlich.
Idee	Bitte platzieren Sie Ihre Parkkarte gut sichtbar hinter der Frontscheibe.
	Bei der Begehung der Liegenschaft wurde festgestellt, dass sich diese durch herumliegenden Müll und Unrat in einem unordentlichen Zustand befindet. Gemäss Hausordnung ist es untersagt, jede Art von Gegenständen in den allgemeinen Räumen oder Büros zu deponieren.
Kommentar	Auch hier wird «festgestellt» und belehrt. Die positive Absicht, die hinter diesem Schreiben steckt, fehlt.
Idee	Wir wissen nicht, wer den Müll auf dem Areal deponiert. Deshalb appellieren wir an alle. Halten Sie die Liegenschaft und die Büros sauber – vielen Dank.
	Wir kommen zurück auf unser Schreiben vom … . Leider haben Sie sich nicht an unsere Auflagen gehalten. Sollten Sie wiederholt unsere schriftliche Mahnung ignorieren, werden wir uns rechtliche Schritte überlegen.
Kommentar	Bürokratischer Start.
Idee	Woran liegt es, dass Sie sich nicht an unsere Auflagen/an unsere Abmachung halten? Wenn Sie unsere Mahnungen weiter ignorieren, bleiben uns nur noch rechtliche Schritte offen – ein mühsamer Weg.

Die heissen Eisen

Die Automatenstimme bei heissen Eisen

Wir müssen wiederholt feststellen, dass in den Büros geraucht wird. Diesen Zustand können wir nicht akzeptieren. Wir bitten Sie, in den Räumen nicht zu rauchen und Zigarettenstummel ordnungsgemäss zu entsorgen. Besten Dank für Ihr Verständnis.

Kommentar Die Intervention ist berechtigt, aber sie klingt steif. Das Wort «ordnungsgemäss» ist bürokratisch. Und das «Verständnis» legen wir auch in die Archivschachtel.

Idee Für alle, die es noch nicht wissen oder nicht wissen möchten: Unsere Büros sind rauchfrei. Wir mögen frische Luft, eine klare Sicht und geruchsneutrale Dokumente.

Appelle mit Gelassenheit

Die Textbeispiele zeigen Ihnen, wie freundlicher Klartext funktionieren kann. Bei allem Bemühen um einen guten Ton müssen wir auch akzeptieren, dass es immer Leute geben wird, die das, was wir möchten oder verlangen, ignorieren.

Mitarbeitende rauchen im Büro.

Gute Luft

Die Rauchzeichen in unseren Büros gefallen uns gar nicht. Seit einigen Wochen riecht es wieder schlecht. Nutzen Sie für die Zigarettenpause die Lounge im Erdgeschoss oder gönnen Sie sich ein paar Minuten an der frischen Luft.

Liebe Mitarbeiterin, lieber Mitarbeiter, wir danken Ihnen!

Namen

Autos parken ohne Parkkarte.

Parken mit Karte…

… oder Sie suchen Ihr Auto.
Auf unserem Grossparkplatz dürfen nur Mitarbeitende mit einer Dauerkarte das Fahrzeug abstellen. Nach der zweiten Mahnung lassen wir die Autos abschleppen, was Ihnen nur Ärger und Kosten einbringt. Bitte lösen Sie eine Dauerkarte im Sekretariat «Unterhalt, Logisitik», und alles ist in Ordnung.

Freundliche Grüsse

Namen/Name

Lärmbelästigung im Haus.

Ruhebedürfnisse

Sehr geehrter Herr Huber

Ihre Nachbarn haben sich bei uns gemeldet und regelmässige Lärmbelästigungen beklagt. Wir nehmen solche Hinweise auf und informieren die betroffenen Mieter. Aus Ihrer Wohnung soll vor allem spätabends und nachts laute Musik dringen. Wir sind Ihnen dankbar, wenn Sie auf eine angemessene Lautstärke achten, die Nachtruhezeiten einhalten und sich mit Ihren Nachbarn verständigen.

Freundliche Grüsse und vielen Dank.

Name

Fazit

Wer anderen auf die Finger schauen muss, ist nicht zu beneiden. Und selbst eine gute Kommunikation, ein perfekter Text schützen nicht vor Problemen oder Personen, die nicht bereit sind zur Kooperation. Versuchen Sie es in heiklen Missionen mit dieser Strategie:

→ Was ist nicht gut? (Nachricht)
→ Wie lautet die Erwartung? (Nachricht oder Appell)
→ Was sind die Konsequenzen? (Nachricht)
→ Was ist uns wichtig, was wünschen wir uns? (Nachricht/Beziehung)
→ Was möchten wir/möchte ich vermeiden? (Nachricht/Beziehung)
→ Was tun wir, wenn nichts hilft?

Beschwerdemanagement: Das Problem erkennen, über die Lösung schreiben

Viele Schriftstücke zeigen ein anderes Bild. Das Problem wird so lange beschrieben, eingekreist, erklärt, ausformuliert, dass für die Lösung nur noch wenig Platz bleibt. Die Autoren bewegen sich in einer «Problemtrance». Das muss nicht sein.

Daran halte ich mich!

Im Singular schreiben.
Ungünstig: Kritik unserer Kundinnen und Kunden ist uns wichtig.

Idee — Ihre Kritik nehmen wir auf/entgegen. / Für Ihren Brief/Ihre Hinweise/Nachricht/Anregung vom … danken wir Ihnen.

Im Präsens schreiben.
Ungünstig: Sie haben uns am … mitgeteilt, dass Sie mit dem Produkt nicht zufrieden sind.

Idee — Mit dem Produkt … sind Sie nicht zufrieden und bemängeln ….

Kein «leider» und «bedauern» auf der Sachebene.
Ungünstig: Leider können wir Ihnen nicht entgegenkommen.

Idee — Ein Entgegenkommen/ein finanzieller Ausgleich ist nicht möglich, weil ….

«Leider» und «bedauern» auf der Beziehungsebene, persönlich und mit Begründung.
Ungünstig: Wir bedauern, Ihnen keinen besseren Bescheid geben zu können.

Idee — Ich bedauere diese Situation, weil ich Ihre Sicht verstehen kann. In unserem Unternehmen gelten jedoch für … Vorgaben, die wir einhalten müssen.

Für die Lösung schreiben.
Ungünstig: Schade, dass Ihnen das Produkt nicht zusagt.

Idee — Vielen Dank für Ihren Brief. Es ist schwierig, für jeden Geschmack etwas anbieten zu können. Haben Sie … schon ausprobiert?

Im Schlusssatz das Hauptanliegen verstärken.
Ungünstig: Wir hoffen, Ihnen mit dieser Antwort zu dienen, und freuen uns, Sie wieder zu unserer zufriedenen Kundschaft zählen zu dürfen.

Idee — Wir möchten, dass Sie zufrieden sind.

«Hoffen» richtig einsetzen.
Ungünstig: Wir hoffen, Ihnen hiermit zu dienen. Bei Fragen zögern Sie nicht, uns anzurufen.

Idee — Mit diesem Brief möchten wir Ihr Vertrauen zurückgewinnen. Wir hoffen, das gelingt uns.

Kraftvolle Worte nutzen.
Ungünstig: Für die entstandene Wartezeit senden wir Ihnen als Entschädigung Gutscheine im Wert von CHF 200.–.

Idee — Die lange Wartezeit war ärgerlich – bitte entschuldigen Sie das Versehen. Die Gutscheine sind unsere Geste für eine gute Zusammenarbeit und unser Dankeschön für Ihr Vertrauen.

Interna bleiben intern.
Ungünstig. Sie haben recht. Das Verhalten unserer Mitarbeiterin, Frau Anna Muster, war nicht in Ordnung und nicht im Sinn unseres Kundendienstes. Wir werden mit ihr ein Gespräch führen und Massnahmen einleiten.

Idee

Im Zusammenhang mit den Planungsarbeiten kam es zu Missverständnissen in der Kommunikation, die für Sie und für uns ärgerlich sind. Wir bitten Sie um Entschuldigung.

Informieren, nicht zutexten.
Ungünstig: Die seit einigen Jahren steigenden Preise der Rohstoffe konnten während längerer Zeit durch mehr Effizienz in der Beschaffung kompensiert werden. Die aktuelle Situation erlaubt es jedoch nicht mehr, die Preise vollumfänglich abzufedern. Deshalb sehen wir uns gezwungen, die Preise anzupassen.

Idee

Die Rohstoffpreise steigen seit einigen Jahren kontinuierlich an, was zu unwillkommenen Preiserhöhungen führt. Wir versuchen die Preise so kundenfreundlich wie möglich zu gestalten.

Fazit

Im Beschwerdemanagement versuchen Unternehmen mit Argumenten zu punkten. Dafür nutzen sie oft Textbausteine aus dem Marketing. Das Marketing betrachtet das Produkt, Korrespondenten die Kunden (Sichtwechsel) und deren Befindlichkeit. Marketingtexte sollten deshalb nicht unüberarbeitet als Bausteine genutzt werden. In schwierigen Situationen gilt Individualität, Dialog und Vertrauen vor Produkteinformation. Bei den heissen Eisen besteht grundsätzlich das Risiko, zu sehr auf die Nörgeler zu sehen und auf jene, die gar keine Lösung anstreben. Schreiben wir einfach für die anderen.

KAPITEL 4

Die heissen Eisen

Der Trauerbrief:
Die wichtige Nähe, die nötige Distanz

Über den Tod und für die betroffenen Menschen schreiben gehört auch zu den heissen Eisen. Hier wird uns bewusst, wie anspruchsvoll Menschlichkeit im Geschäftskontext ist. Der Trauerbrief im Business erfordert eine besondere Sprache.

Die Stolpersteine

→ Schreiben ohne Beziehungsklärung: Was verbindet uns mit dem Verstorbenen, was mit seinem Umfeld? Was möchten wir schreiben, wie möchten wir verstanden werden?
→ Kollektive Sätze nutzen oder im Gegenteil unangemessen persönlich werden.
→ Hilfe anbieten, die wir in Wahrheit nicht leisten können: «Wenn wir etwas für Sie tun können, sind wir gerne für Sie da.»
→ Anrede im Plural: Sehr geehrte/Liebe Trauerfamilie
→ Zu viele Adjektive oder Steigerungen: Der liebe Verstorbene/ganz herzliches Beileid/stille Anteilnahme.
→ Schreiben, ohne zu überlegen, wie die Aussagen ankommen könnten (Empathie).

Die Möglichkeiten

→ Trauertext auf eine Karte schreiben oder einlegen. Bilder sagen oft mehr als viele Worte.
→ Anstelle eines Titels ein Zitat wählen. Zitate schränken nicht ein und lassen unterschiedliche Interpretationen, Gedanken zu.
→ Verschiedene Beziehungen in der Anrede zulassen: Liebe Frau Meier, liebe Familie (nicht Trauerfamilie).
→ Anstelle der Trauerstimmung über den Kontakt zum verstorbenen Menschen sprechen.
→ Zur Wortlosigkeit stehen – weniger ist oft mehr.

Das Schwierige richtig ausdrücken – ein paar Formulierungshilfen

Die Worte und Wendungen sind keine Rezepte. Sie sind ein Ausgangspunkt für Ihre Trauerbotschaft und das, was Sie sagen möchten

→ Mit Ihrem Mann verbindet uns eine lange Geschäftsbeziehung, die nun zu Ende ist. Auch wenn wir wussten, wie schlecht es Max in den letzten Monaten ging, kommt die Nachricht vom seinem Tod überraschend; sie macht uns traurig. Ihnen, liebe Frau Meier, sprechen wir unser herzliches Beileid aus. Wir wünschen Ihnen von Herzen die nötige Kraft im Umgang mit diesem Verlust, Zuversicht und Vertrauen für das, was Ihnen die Zukunft bringen wird. Alles Gute für Sie.

→ Im Tages Anzeiger haben wir vom Unfall Ihrer Geschäftspartnerin erfahren. Wir lernten sie in Hannover im Rahmen der IT-Messe kennen. Seither pflegten wir einen losen, aber guten Kontakt. Monika war eine tolle Gesprächspartnerin und eine engagierte Netzwerkerin. Ihr Tod tut uns leid.

→ Herzliche Anteilnahme/Unser Beileid/In Gedanken sind wir bei Ihnen/ Wir wünschen Ihnen Hoffnung und Kraft – alles Liebe.

→ Der Verlust schmerzt uns/macht uns traurig/fassungslos/stumm.

→ Abschied nehmen ist schwer. Was darf ich Ihnen wünschen? Vertrauen in die Zukunft, Zuversicht für jeden Tag.

→ Am Freitag müssen wir unseren Arbeitskollegen gehen lassen. Für uns ist dieser Moment schwierig. Auch wenn wir nicht ermessen können, was sein Tod für Sie bedeutet, möchten wir Ihnen mit dieser Karte Trost geben und dem Abschied Nehmen unsere Aufmerksamkeit schenken.

→ Ihr Ehemann und unser Chef ist nicht mehr bei uns. Der Unfall macht uns im Moment sprach- und fassungslos – wir sind sehr traurig. Ihnen, liebe Frau Meier, sprechen wir unser Beileid aus. Der Abschied ist auch für uns schwer. Es ist nicht viel, was wir Ihnen anbieten können, aber es kommt von Herzen. Wir sind für Sie da.

Heisse Eisen

Top-Tipp

Image — In der Regel gibt es Image-Punkte, wenn schwierige Situationen unkompliziert gemeistert werden. Rufen Sie verärgerte Kunden an, bevor Sie ihnen schreiben. Gönnen Sie einem Bewerber in der Absage einen positiven Gedanken. Imagebildung beginnt im Kleinen und ist jeden Tag wichtig.

Verneinung — Schreiben Sie das, was Sie sagen möchten. Die Worte «nicht» und «keine» gezielt einsetzen. Verzichten Sie auf die Verneinung, wenn die Aussage positiv möglich ist.

Weisung — Auf zu viele Appelle reagieren wir gerne mit Widerstand. Anweisungen und Regeln kommen als Nachricht besser an. Beispiel: «Die Regeln sind für das Personal verbindlich.»/«Das Personal muss sich an die Regeln halten.» Es geht auch mit freundlichen Appellen: «Bitte halten Sie die Regeln ein.»

5

KAPITEL 5

Der Weg zum internen Sprachleitbild

In Weiterbildungen und Beratungen stellt sich immer wieder die Frage nach dem Nutzen und dem «Überleben» neuer Impulse. Im klassischen Expertenseminar holen Teilnehmende Korrespondenzregeln ab und trainieren Sätze für ihre Briefe und E-Mails. Sie gehen aufgeweckt an ihren Arbeitsplatz zurück und setzen um. Das Engagement von Einzelpersonen ist grundsätzlich willkommen, wobei Widerstände schnell auftauchen und Diskussionen beginnen: «Darf man das?», «Ist das richtig so?», «Ist das jetzt modern?» Wenn Zweifel und Befürchtungen stärker sind als alles andere, stirbt die Idee, und der Seminarnutzen ist verloren. Ich kenne dieses Szenario gut und sehe die Risiken, wenn aus der Korrespondenz ein Flickwerk wilder Ideen wird.

Mit der «Vier-Stufen-Methode» biete ich ein Programm an für die Erstellung eines internen Sprachleitbildes. Während unendlich viele Impulse meistens nur Verwirrung stiften, sorgt das Vorgehen von der Idee zum fertigen Bild für Klarheit und einen glaubwürdigen Marktauftritt – eine schöne Zukunftsaussicht!

Die «Vier-Stufen-Methode»

Die «Vier-Stufen-Methode» lässt sich mit einem Bild umschreiben: Wir räumen ein Haus aus, entsorgen das, was wir nicht mehr brauchen möchten, und richten die Räume neu ein. Die «Umzugsleute» sind ein kleines Team, bestehend aus der Geschäftsleitung und – je nach Unternehmen – Fachverantwortlichen, Bereichs- oder Teamleitern. Die Übersicht zeigt, wie die Methode funktioniert.

«Was macht uns aus?»

Die erste Stufe

Jedes Teammitglied schreibt auf eine Karte Stichworte oder Sätze zu folgenden Fragen:
→ Angenommen, unser Unternehmen ist ein Mensch. Ist es eine Frau, ist es ein Mann, und welche Charaktereigenschaften passen zu dieser Person?
→ Wo oder in welchen Situationen ist unsere Korrespondenz brillant?
→ Mit welchem E-Mail oder Brief machte ich persönlich eine sehr gute Erfahrung? Und was war in diesem Moment einzigartig?
→ Was wünsche ich mir für unsere Korrespondenz?

Die Fragen orientieren sich am Grundansatz, dass Potenziale erkannt, beschrieben und wertgeschätzt werden. Der (traditionelle) Blick aufs Defizit (hier läuft etwas falsch) vergeudet Kraft, gibt das Gefühl, alles verkehrt zu machen und fördert kein lustvolles Arbeiten. Die Potenzialorientierung setzt allerdings eine positive Grundstimmung voraus. In der Runde stellen die Teilnehmenden ihre Stichworte, Gedanken und Geschichten zur Verfügung. Das, was in dieser Runde passiert, ist die Basis für alles Spätere. Und oft erinnern sich die Gruppen auch noch nach langer Zeit an ihre Geschichten. Die Mann- oder Frau-Frage hilft, das Thema zu visualisieren und es sinnlicher zu gestalten.
Die Aufgabe der Moderation ist das Sammeln und spätere Zusammenstellen der Bilder/Aussagen/Stichworte. Die Moderation verzichtet auf Expertenmeinungen oder gar Ratschläge.

«Wo möchten wir hin?»

Die zweite Stufe

Im zweiten Schritt geht es um die Gegenwart sowie um die Zukunft. Im Plenum wird der Auftrag des Unternehmens oder eines betroffenen Teilbereiches mit Stichworten beschrieben. Für das Beschwerdemanagement kann das zum Beispiel so lauten: «Unser Auftrag besteht darin, Kundenanliegen entgegenzunehmen und innerhalb von 24 Stunden zu beantworten.» Wenn sich alle über den Auftrag einig sind – hier gibt es oft intensive Diskussionen! – geht es weiter mit diesen Fragen:

→ Wie erfüllen wir diesen Auftrag im Normalfall?
→ Hindert uns etwas daran, diesen Auftrag zu erfüllen?
→ Was sagen die Kunden über die Auftragserfüllung?
→ Was brauchen wir, um noch besser zu werden?
→ Woran werde ich später erkennen, dass sich unsere Korrespondenz gewinnbringend verändert hat?

Auch diese Runde wird moderiert, die Statements zusammengetragen. Besonders die letzten beiden Fragen geben Hinweise darauf, was fehlt und welche Wünsche wichtig sind. Zum Beispiel: «Damit wir nicht immer das Gleiche schreiben müssen, wären Vorlagen oder Satzbausteine für unsere Situationen/Anfragen/Probleme nützlich.» «Ich bin zufrieden, wenn die Kunden positiv auf unsere Antworten reagieren, auch wenn wir Forderungen ablehnen müssen.» Am Ende dieses Schrittes beschliesst die Gruppe, welche Texte/Mails/Briefe als Schlüsselbeispiele gelten und für das Leitbild und die Mitarbeitertrainings entwickelt werden.

«Daran halten wir uns!»

Die dritte Stufe

Die dritte Runde befasst sich mit der Umsetzung. Die Korrespondenz wird angeschaut und mit den Fragen, Antworten und Geschichten der vorhergehenden Runden zusammengebracht. Die Moderation achtet auch hier auf das Potenzial. Nun geht es an die Arbeit. Anredeformen werden festgelegt, Einstiegs- und Schlusssätze getextet und die Grundhaltung formuliert. Nehmen wir wieder das Beschwerdemanagement, wo beispielsweise diese Grundhaltung möglich ist: «Wenn wir Forderungen ablehnen, erklären wir die Gründe, denn unsere Kunden erwarten Transparenz. Worte wie ‹leider› und ‹bedauern› setzen wir ein, wenn wir persönlich etwas bedauern und im E-Mail oder Brief mit Einzelunterschrift die Ich-Form verwenden.»

Zu jeder Grundhaltung gehören Lösungen/Vorschläge.

«Das Haus ist neu eingerichtet!»

Die vierte Stufe

Jetzt geht es um das Formulieren des Leitbildes, das kurz und sehr konkret sein muss. Ein Leitbild, das von «Kundenorientierung», «Freundlichkeit» oder «Klarheit» spricht und keine Beispiele liefert, ist nutzlos. Eine Krankenkassenmitarbeiterin im Leistungsmanagement hat vermutlich Mühe, Kundenorientierung sprachlich umzusetzen, wenn sie keine Lösungen bekommt und sich kein Bild von einer entwickelten Korrespondenz machen kann. Das Leitbild erstellt die Gruppe oder die Moderation. Hier ist auch Expertenrat hilfreich.

Die Vier-Stufen-Methode ist unterschiedlich lang möglich. Erfahrungsgemäss sind zwei bis drei Tage ideal. Mit dem Leitbild findet das Mitarbeitertraining statt, das sich von vielen Schulungen unterscheidet. Das Training basiert auf einer Geschichte, ist besser abgestützt und signalisiert ein verbindliches Konzept. Wichtig ist jedoch, dass die Mitarbeitenden für das Thema gewonnen werden und sie ihre Meinung zum Resultat äussern dürfen. Diese Gruppen agieren wie Beteiligte, denken mehr in Lösungen und Erweiterungen. Meistens wird das Dokument nach den Trainings angepasst. Es dient als Nachschlagewerk und Grundsatzpapier.

Ein Leitbild ist nicht alles, aber es gibt eine Orientierung, ein neues Gefühl für die Kommunikation. Die Einsatzbereitschaft ist höher, und kaum jemand kann sagen: «Solange mein Chef nicht mitzieht, tue ich gar nichts.» Oder das Gegenteil: «Ich bin mit meinen Ideen alleine.» In der Startphase ist Korrespondenz Chefsache. Später und langfristig lebt sie jedoch durch die Mitarbeitenden, ist angewiesen auf ihre Sorgfalt und Bereitschaft, immer wieder nach dem Besseren Ausschau zu halten.

Von Angelika Ramer im Verlag SKV erschienen:

Die Briefsprache - Souverän schreiben ohne Floskeln

Für alle, die sich weder mit einer veralteten Korrespondenz- noch mit einer «kniggefreien» E-Mail-Sprache begnügen, ist «Die Briefsprache» unentbehrlich im Büroalltag. «Die Briefsprache» zeigt den Weg zu Briefen, die mehr erreichen wollen als blosse Informationsvermittlung.
ISBN 978-3-286-51431-7
1. Auflage, Nachdruck 10, 150 Seiten

Briefe ohne Floskeln – Die neue Art zu schreiben

Wollen Sie, dass Ihre Geschäftsbriefe blitzschnell vergessen werden oder gar ungelesen in den Papierkorb wandern? Nein? Dann tauchen Sie mit diesem Buch ein in eine bunte, spannende Welt der neuen Briefsprache. Lernen Sie, wie Sie Schritt für Schritt von Phrasen und Floskeln wegkommen und einen eigenen, persönlichen Briefstil finden. Stehen Sie nicht mehr «für allfällige Fragen jederzeit zur Verfügung», sondern führen Sie einen echten Dialog.
ISBN 978-3-286-51164-4
4. Auflage, Nachdruck 05, 132 Seiten

Schreiben ohne Floskeln – 180 Briefe aus der Praxis

Dieses Buch hilft Ihnen, die neue Briefsprache in der Praxis anzuwenden. Es genügt nicht, die Floskeln aus dem Haus zu werfen oder «mit freundlichen Grüssen» durch «freundliche Grüsse» oder «Gruss» zu ersetzen. Nicht einfach reduzieren, sondern die Phrasen und altbekannten Standardsätze durch eigene Formulierungen ersetzen, lautet die Aufgabe. Die Beispiele und Vorschläge aus den verschiedensten Branchen regen dazu an, eigene Worte zu finden, können aber auch ohne viel Aufwand übernommen werden.
ISBN 978-3-286-51202-3
2. Auflage, Nachdruck 04, 224 Seiten

Reklamationen – richtig reagieren
Gute Briefe für schwierige Situationen

Reklamationen? Kein Grund, sich den Kopf zu zerbrechen! Angelika Ramer leitet in ihrem Ratgeber «Reklamationen – richtig reagieren» dazu an, wie Sie aus unzufriedenen Kunden zufriedene machen. Das Geheimnis ist die richtige Kommunikation. Sie zeigt anhand von zahlreichen Textvorschlägen für die unterschiedlichsten Situationen und Branchen auf, wie passende Antworten formuliert werden können.
ISBN 978-3-286-51251-1
1. Auflage 2003, 128 Seiten